TRANSMISSÃO PSICANALÍTICA

Blucher

TRANSMISSÃO PSICANALÍTICA

Perspectivas atuais na América Latina

Organizadoras

Cecilia Teodora Rodríguez

Cecilia Lauriña

Formação psicanalítica: perspectivas atuais na América Latina

SÉRIE FEPAL: PSICANÁLISE LATINO-AMERICANA
COORDENADORA CIENTÍFICA MARINA MASSI

Publisher Edgard Blücher
Editor Eduardo Blücher
Coordenação editorial Rafael Fulanetti
Coordenação de produção Andressa Lira
Produção editorial Departamento de produção
Preparação e revisão de texto Samira Panini
Diagramação Departamento de produção
Capa Laércio Flenic
Colaboração Leo Mangiavacchi (designer – Fepal)
Imagem da capa iStockphoto

Blucher

Rua Pedroso Alvarenga, 1245, 4º andar
04531-934 – São Paulo – SP – Brasil
Tel.: 55 11 3078-5366
contato@blucher.com.br
www.blucher.com.br

Segundo o Novo Acordo Ortográfico, conforme 6. ed. do *Vocabulário Ortográfico da Língua Portuguesa*, Academia Brasileira de Letras, julho de 2021.

Dados Internacionais de Catalogação na Publicação (CIP)
Angélica Ilacqua CRB-8/7057

Transmissão psicanalítica : perspectivas atuais na América Latina / organizado por Cecilia Teodora Rodríguez, Cecilia Lauriña. - São Paulo : Blucher, 2024.
180 p. (Série Fepal / coordenadora Marina Massi)

Vários autores
Bibliografia
ISBN 978-85-212-2254-5

1. Psicanálise 2. Cultura 3. América Latina I. Rodrígues, Cecilia Teodora II. Lauriña, Cecilia III. Massi, Marina IV. Federação Psicanalítica da América Latina V. Serie

24-4082 CDD 150.195

Índice para catálogo sistemático:
1. Psicanálise

Sobre a série

O projeto da Série Fepal é fruto de dois anos de trabalho como Coordenadora Científica da Fepal, durante a gestão 2022-2024, presidida por Wania Maria Coelho Ferreira Cidade.

A integração dos colegas e a produção latino-americana foram alguns dos marcos norteadores das atividades da equipe da Coordenação Científica. São pontos de encontro no *trabalho coletivo* que potencializa e abre horizontes para uma produção viva e criativa, capaz de enriquecer teoricamente, tecnicamente e clinicamente a Psicanálise.

No programa inicial da Coordenação Científica da Fepal (2022-2024), um dos objetivos principais era a função articuladora e agregadora entre as diversas áreas da Fepal, promovendo um diálogo permanente entre seus membros e entre os diversos projetos que vinham sendo realizados e os que se iniciaram em nossa gestão.

O objetivo era de integração, respeitando a criatividade, a diversidade e a autonomia, no âmbito interno das comissões de trabalho vinculadas com a Coordenação Científica: Comissão de Formação e Transmissão da Psicanálise, Comissão de Investigação, Comissão de

Casal e Família, Comissão de *Working Parties* e o Grupo de Estudos de Psicossomática.

Desse modo a Série Fepal nasce, para além das comissões da Coordenação Científica, da integração e da parceria com outras diretorias, e pretende ser um veículo de expressão e difusão dos trabalhos produzidos no âmbito da instituição Fepal.

Os cinco livros que dão início à Série Fepal vêm completos de história de trabalho e dedicação de muitos colegas psicanalistas implicados com uma compreensão mais profunda sobre as questões de desamparo, étnicas, sociais, de gênero e ambientais de nosso continente.

Compartilhamos da necessidade de, como psicanalistas, conhecer o mundo ao qual pertencemos para que possamos, de forma mais encarnada, colaborar com nossos pacientes, com os casais e famílias, com o trabalho em instituições, comunidades, grupos, e desenvolver a escuta analítica que é o nosso ofício e arte.

Meus profundos agradecimentos para todos que tornaram viável a realização deste projeto editorial.

Marina Massi

Coordenadora científica da Série Fepal

Conteúdo

Reconhecimentos

Agradecemos profundamente a Marina Massi, coordenadora científica da Fepal, cuja iniciativa e estímulo tornaram possível a publicação deste livro, assim como a toda sua equipe, sempre disposta a acompanhar nossa tarefa.

Agradecemos também de modo muito especial o apoio da Comissão Diretiva presidida por Wania Cidade, que esteve conosco e incentivou cada novo desafio. Como a Comissão de Formação e Transmissão da Psicanálise está vinculada à Coordenação Científica da Fepal, expressamos nossa gratidão a Elizabeth Chapuy e Ricardo Carlino, Diretores Científicos das gestões anteriores, que impulsionaram nosso trabalho com importantes e fecundos intercâmbios de ideias.

Vai o nosso reconhecimento a todos e cada um dos que participaram das atividades que organizamos, tanto aos que contribuíram com ideias e questionamentos instigantes para os diversos encontros, como aos que responderam às convocações, juntando-se com interesse e entusiasmo, o que se evidenciou na grande quantidade de participantes em cada um deles.

Nossa gratidão também aos nossos companheiros de comissão, que trabalharam na organização dessas atividades: Carmen Labarthe, Fernando Grinberg, assim como aos membros: Marlí Bergel e María Victoria Niño, e a Mónica Cardenal, Susana Silva de Celle, Laura Ward e Luz Marina Orejarena, que fizeram parte do primeiro período de gestão, trabalhando em equipe com os que agora desejamos testemunhar esta travessia.

Foi um prazer trabalhar com Daniel Delouya, Ana Chabalgoity e Gabriel Rivera, agora também neste livro.

Cecilia Teodora Rodríguez
Cecilia Lauriña

Prefácio

María Cristina Fulco

Mudanças e transformações na transmissão da Psicanálise

Partir do ponto de vista de que o específico da psicanálise continua estando, nestes tempos de mutação civilizatória, sob o ponto de interrogação, é nos situarmos desde uma postura epistemológica frente a um paradigma, que nos desafia a novas e múltiplas possibilidades de transformação, tanto na teoria quanto na prática.

Dizer isso é abandonar pretéritos ideais de uniformidade, dogmatismos e crenças na solidez de nossos conceitos fundamentais, assim como a tentativa de monopolizar, desde nossa doutrina, supostas verdades que pretendam possuir o "ouro puro" da psicanálise, como temos escutado desde algumas das diferentes sociedades e institutos da Associação Internacional de Psicanálise (IPA) e da Federação Psicanalítica da América Latina (Fepal), com relação a qual é a "verdadeira" psicanálise.

Nos diferentes congressos e pré-congressos realizados nas últimas décadas, surgia com insistência a preocupação sobre o que permanecia vigente do modelo chamado clássico, à medida que a pluralidade de teorias e a diversidade de práticas eram as características da atual psicanálise. Falava-se também do que tinha ficado obsoleto, por não oferecer já as ferramentas necessárias para a abordagem da clínica do presente, tanto na escuta como na compreensão do sofrimento e os dinamismos psíquicos.

É fato que os três modelos reconhecidos pela IPA compreendem as diferenças importantes nos modos de entender a transmissão da psicanálise, segundo as características políticas, socioculturais e econômicas de cada região.

Nos três modelos, existe consenso na manutenção do modelo tripartite, mesmo com variações nascidas de profundas diferenças com relação a como este é compreendido e atualizado.

A chegada da última pandemia que assolou o mundo, bem como seus atuais efeitos tardios, e as guerras presentes hoje em tantos lugares do nosso planeta têm repercutido e continuam repercutindo, abrindo um leque de desafios que, tanto na teoria quanto na prática, continuamos enfrentando.

A passagem obrigatória ao mundo virtual nas três áreas da transmissão é um claro exemplo dos debates que continuam sendo promovidos mostrando os diversos desconfortos frente à impossibilidade de responder a exigências provenientes de regiões que ignoram nossas realidades latino-americanas, descontextualizadas da atual situação das nossas sociedades e institutos. Surgem então grandes questionamentos sobre se essas mudanças habilitarão a controvérsia ou serão motivos de resistências reforçadas em dogmatismos atávicos que bloqueiam o caminho à reflexão, à criatividade e a novas transformações.

Quais institutos queremos ter? Quais critérios de analisabilidade mantemos nestes tempos de mudanças? Parafraseando o tema do Congresso da IPA em Boston: como nos muda um mundo que muda? Mantemos as mesmas ferramentas no afazer do nosso trabalho neste presente em permanente mutação?

São essas algumas das reflexões que nos aproximam novamente da herança freudiana para também nos questionar de que maneira a assumimos.

Quando Freud, no prólogo da comemoração dos dez anos do Instituto Berlim, mostrava-se cauteloso e questionava um excessivo regulamentarismo com relação à prática e formação analítica, expressava que uma de suas funções era ensinar teoria, mas fazia ênfase na importância da experiência de uma análise, e que esta experiência pudesse ser transmitida. Questionava-se: é o exercício da psicanálise uma matéria que tem de estar submissa à autoridade ou é mais adequado deixar fluir seu desenvolvimento natural? Enfatizava assim que o vivencial e essencial de uma formação analítica ficava vinculado à transmissão.

Essas considerações nos levam a pensar sobre qual é o nosso entendimento sobre um Modelo de Formação nesta já metade do século XXI que parece aproximar-se das características que vivenciou Freud e seu grupo fundador, em seu compromisso com as intensas mudanças políticas, sociais e culturais das duas guerras mundiais.

Talvez desse compromisso com a sociedade e a cultura resultou, junto com o desenvolvimento científico do nascente paradigma, a criação das policlínicas gratuitas nas principais cidades de pertencimento daquele grupo aberto e implicado com as problemáticas de sua época.

Sabemos das múltiplas ofertas psicoterapêuticas que têm surgido nas últimas décadas e que levaram a que a psicanálise perdesse o lugar de hegemonia que soube ocupar no século XX como ciência dedicada à pesquisa e ao tratamento do sofrimento psíquico.

Sabemos também, nestes nossos tempos, da necessidade de criar novas vias e alternativas, talvez nunca antes imaginadas, que permitissem continuar com nossas atividades científicas e de transmissão. O recurso das novas tecnologias constituiu o caminho para poder continuar nossa trajetória. Por outro lado, nos fez enfrentar novos desafios e novas mudanças, alguns dos quais chegaram a questionar conceitos centrais de nossa prática, como o enquadre e seus elementos, trazendo dúvidas, por um momento, na dimensão ética de nossa tarefa.

Apoiamos e sustentamos a necessidade dessas mudanças como modo de evitar o funcionamento oligárquico ou autocrático em nossas instituições, bem como o risco de engessamento e repetição dogmática de modelos de transmissão que, ao serem perpetuados e deixando de ser questionados, podem derivar para o nível do obsoleto no sentido da repetição da palavra morta. Porque se o conhecimento psicanalítico, segundo Piera Aulagnier, é "questionamento sobre o desejo", é necessário, portanto, que exista um desejo a ser questionado.

Manter o caráter disruptivo e subversivo da nossa disciplina implicaria, então, em sustentar nossa dívida com o herdado, mas desde um lugar de intérpretes que substitua o conhecido e deixe lugar ao desconhecido, que habilite e dê lugar ao "poder transformador dos conceitos", como disse Julia Kristeva no último Congresso IPA em Londres – 2019.

Como propõe J. Laplanche, a importância de "fazer Freud trabalhar", afastando a sombra de uma repetição empobrecedora como veículo de uma doutrinação que inevitavelmente leva a um submetimento acrítico dos analistas em formação, sustentados pelo analista, supervisor ou docente a cargo, no transcurso do longo processo que resulta na aquisição da identidade analítica.

Citar esses pensadores contemporâneos da psicanálise implica, portanto, sustentar um afastamento das fontes que permita a crítica renovadora e transformadora. Desde que possa ser feita partindo dos contextos culturais e científicos de cada época, preservando naturalmente as necessárias fronteiras que protejam o específico de nossa doutrina, como o conceito de inconsciente, sexualidade, repressão e transferências. Ou seja, os pilares que sustentam o modo em que a psicanálise pensa e aborda a estruturação psíquica de todo ser humano.

Que o posicionamento de cada sociedade e do Instituto Latino-Americano frente aos acontecimentos políticos e culturais que violam a Declaração Universal dos Direitos Humanos (DUDH), é um compromisso ético que leva implícita a exclusão de um silêncio que pode ser sentido como indiferença, é um fato que parece questionável. Fazem sentido aqui as palavras de J. B. Pontalis quando dizia: "É melhor entrar em debate do que se manter à margem, porque a cientificidade exibida somente aponta a impor silêncio".

Ou como diz Anzieu:

> *O problema se apresenta em uma instituição analítica que procura formar analistas, quando o ato de criação se transforma em gesto burocrático, cujo desfecho é sabido de antemão... quando a aquisição intelectual da doutrina é usada como ideologia.*

Seminários curriculares extramuros de nossos institutos e sociedades

Em um dos últimos encontros de presidentes da Fepal 2018-2020, quando passávamos pelo maior auge da pandemia, iam surgindo desde os institutos e sociedades a saída "massiva", via virtual, à comunidade e à cultura, percebendo uma psicanálise comprometida. Foi apresentada a proposta de voltar a pensar nos planos de formação dos institutos latino-americanos, incluindo nos mesmos seminários curriculares de trabalho na comunidade, os hospitais, a universidade, entre outros, entendendo que são espaços que questionam e dialogam com nossas teorias e práticas, enriquecendo, desta forma, o longo processo de aquisição da identidade psicanalítica.

As mudanças estruturais promovidas ao longo dos últimos quatro anos pela atual Comissão de Formação e Transmissão da Psicanálise da Fepal, coordenada por Cecilia Rodríguez e Daniel Delouya, mostram uma atitude transformadora e criativa, habilitadora de novas mudanças que permitiram a abertura a diálogos permanentes e sustentados com as atuais direções de institutos da Fepal, bem como a integração participativa de representantes dos analistas em formação na comissão e nos debates abertos. Essas portunidades que vêm permitindo escutar a voz das novas gerações, enriquecendo, de uma maneira imprescindível, a reflexão sobre as variadas formas de abordagem vinculadas à transmissão e aquisição da identidade analítica.

Cronograma dos espaços de diálogo e debate

Esperamos que os capítulos que compõem este livro guardem a memória de um tempo em que a transmissão da psicanálise enfrentou grandes mudanças, problemáticas complexas e desafios que nos colocaram diante de novos horizontes. A prática clínica e também a política institucional foram focos de intensos debates tanto regionais, no âmbito da Federação Latino-Americana de Psicanálise (Fepal), quanto intercontinentais, com outras regiões da Associação Psicanalítica Internacional (IPA), que foram de enorme relevância ao considerar o futuro da psicanálise e sua transmissão. A soma de vozes de analistas de diferentes latitudes e filiações foi fundamental ao longo desse tempo; por isso agradecemos enormemente o entusiasmo de todos que participaram das diversas atividades que, como Comissão de Formação e Transmissão da Psicanálise da Fepal, organizamos durante nossa gestão. É importante ressaltar que essas atividades proporcionaram frutíferos intercâmbios em torno de controvérsias mantidas ao longo dos anos, agora no contexto das circunstâncias atuais.

Enumeramos brevemente as atividades:

1. Congresso Didático (2020) "Cartografias na Transmissão da Psicanálise: Fronteiras e Horizontes" (Foi o primeiro congresso virtual na história da Fepal).

2. Ciclo de Mesas de Diálogo 4x4 (2021) em cada uma delas participaram 4 diretores de instituto e 4 analistas em formação.
3. XXI Encontro de Institutos (2021) Transmissão e Formação psicanalítica em movimento: Perspectivas Latino-Americanas
    - Comunidade, cultura e transmissão da psicanálise à luz do contexto Latino-Americano.
    - Análise e Instituição, Tradição e Contradição.
    - Supervisão, Obstáculos e Aberturas.
    - Passando a Tocha em um Mundo que Muda, Luzes e Sombras na Transmissão da Psicanálise.
    - Infância e Adolescência: Perspectivas Contemporâneas na Transmissão da Psicanálise.
    - Transmissão e Formação na Cena Contemporânea.
4. I Reunião de Diretores de Instituto (2022).
5. Congresso Didático (2022) Travessias na Formação Psicanalítica: Perspectivas Latino-Americanas.
6. Plenária (2022) O Cenário Sociopolítico, a Comunidade e a Transmissão Psicanalítica.
7. Debate Aberto. E agora? (2023) Considerações em torno do trabalho remoto na formação psicanalítica.
8. II Reunião de Diretores de Instituto (2023).
9. XXII Encontro Aberto de Institutos: Autonomia, Democratização e Exogamia na Formação Psicanalítica: Considerações sobre o trabalho remoto no trípode.
10. Diálogo com a OCAL (julho, 2024): Formação psicanalítica na América Latina. Um psicanálise ou diversas psicanálises? Qual é a realidade dos analistas em formação?
11. Diversidade e Formação: Experiências de Inclusão na Transmissão Psicanalítica. Diálogo a partir de projetos de bolsas para população negra, indígena e migrante.
12. Congresso Didático 2024.

1. Contexto e travessia: movimento, transformações e controvérsias (2020-2022)

Cecilia Teodora Rodríguez

Há mais de um século, a história do movimento psicanalítico – e particularmente com relação ao desdobramento que este teve desde sua chegada à América Latina –, encontrou nestas terras desenvolvimentos fecundos que fazem parte da riqueza do trabalho psicanalítico em e desde nossa região.

É a partir dessa perspectiva que resulta importante somar algumas apreciações que abonem à memória de um tempo que foi um marco no movimento psicanalítico e sua transmissão. Memória dos dias sombrios que levaram a rever alguns de nossos paradigmas no decorrer de uma experiência histórica em que individual e coletivamente fomos lidando com uma situação de crise e emergência mundial.

Por um período que foi se estendendo muito mais do que inicialmente imaginamos, a situação desencadeada pela pandemia Covid-19 alterou nosso cotidiano em muitos sentidos, levando-nos a transitar numa etapa de perigo e muita angústia. O altíssimo número de mortes e contágios provocaram que as restrições sanitárias dos países ao redor do mundo tornassem extremo o confinamento obrigatório como tentativa de controlar a propagação de uma doença que rapidamente se espalhou de forma devastadora.

Era difícil imaginar que esse confinamento se prolongaria em alguns países por quase dois anos e o período que foi chamado de "nova normalidade" duraria quase três anos até ser declarado oficialmente o fim da pandemia. Nesse contexto, o passo ineludível ao trabalho mediado por recursos tecnológicos nos fez enfrentar situações inéditas na formação psicanalítica.

Mesmo que a análise "a distância" ou "remota" já fosse praticada desde um par de décadas, nunca havia ocorrido o trabalho de forma generalizada no campo da transmissão da psicanálise, ineludivelmente, dessa maneira nos três eixos do tripé. Essas circunstâncias tão dramáticas atravessaram a formação psicanalítica de quem iniciou, transitou ou concluiu o programa de seus institutos nessas condições.

Quais efeitos foram registrados? Inumeráveis depoimentos, debates e controvérsias formam parte da travessia desse tempo que marcou a história contemporânea. E, sem dúvidas, também marcou a história da psicanálise e sua transmissão.

É importante deixar na memória escrita o que aconteceu nesse tempo de grande incerteza e angústia, enfatizando a maneira que isso foi vivenciado no contexto da Fepal, e a rapidez das respostas dos institutos para adequar-se às circunstâncias em meio a situações de crise, emergência e dor.

Também é importante enfatizar o modo que a Fepal foi um importante sustentador para todos, membros e analistas em formação, quando estávamos atravessando um ponto de ruptura.

Desde o início e, perante o impacto mais brutal da crise pela emergência sanitária, foram de enorme importância os encontros organizados no ciclo *Atendendo à Emergência* (2020), organizado pela Comissão Científica da Fepal, que tiveram uma altíssima audiência, atendendo a necessidade de pensar junto com outros, de compartilhar experiências, inquietações e até temores em um momento de perigo e angústia que violentou nossa cotidianidade.

Era a primeira vez na história da nossa federação que centenas de nós, membros e analistas em formação, podíamos encontrar-nos simultaneamente em um território sem geografia e sem fronteiras nas quais se alteraram o espaço e o tempo. O território *virtual*. Nome que resultou polémico por não dar conta da profundidade de uma experiência real e próxima que não corresponde completamente às diversas denominações: "remoto", "a distância", ciberespacial.

Atualmente já nos habituamos, mas o uso de plataformas digitais que permitem juntar-nos virtualmente a tantas pessoas ao mesmo tempo era uma novidade em 2020 e, desde o primeiro momento, passou a ser um recurso inestimável para nos aproximarmos, nos escutarmos, nos apoiarmos e para gerar a sensação de coletividade em um momento em que o isolamento físico tinha sido imposto.

Assim, o encontro "remoto" e o diálogo gerado em torno deste primeiro ciclo de trabalho coletivo e interinstitucional no marco da Fepal foi realmente importante para poder nos manter em pé em um momento de bastante temor, dor e incerteza, e para poder sustentar a confiança necessária para continuar trabalhando também na transmissão da psicanálise em circunstâncias nas quais a mudança vertiginosa ao campo da virtualidade inaugurou, para muitos, uma experiência que antes era inconcebível. A análise a distância no campo da formação psicanalítica tinha ficado majoritariamente à margem da prática nos institutos ou tinha sido usada em situações excepcionais.

Início da travessia

Justamente nesses momentos de crise e mudança abrupta, a gestão da Comissão de Formação e Transmissão da Psicanálise da Fepal (2020-2024) iniciou suas atividades. O trabalho desenvolvido desde então tem nos proporcionado a oportunidade de ter um panorama amplo dos acontecimentos dentro dos institutos da América Latina desde o início mesmo do impacto da pandemia, passando pela crise que a acompanhou, até a transformadora experiência que mudou nossa forma de trabalhar com as incertezas associadas à passagem ao trabalho a distância na formação psicanalítica. Outrossim, fomos testemunhas da descoberta de novas possibilidades que surgiram durante esse percurso, no qual o diálogo interinstitucional desempenhou um papel fundamental ao longo desse período, abrindo novos horizontes perante nós. Como ponto de partida para abordar o impacto e a incerteza perante a mudança tão forte que estávamos vivenciando nos institutos, organizamos o Primeiro Congresso Didático Virtual sob o título *Cartografias na Transmissão na Psicanálise: Fronteiras e Horizontes* Esse evento aconteceu seis meses depois de ter transitado a um trabalho completamente virtual. As sedes das sociedades psicanalíticas estavam fechadas. O eixo central desse congresso foi explorar a transmissão da psicanálise no contexto das circunstâncias que estávamos atravessando. Em toda América Latina, uma geração estava cursando a formação psicanalítica de maneira remota. Estávamos trabalhando, inclusive, com analisandos que não conhecíamos presencialmente. Para muitos analistas em formação, a prática clínica começava de modo absolutamente inesperado.

Ficam inúmeros depoimentos de supervisão que constituem verdadeiros tesouros de pesquisa ao oferecer uma visão detalhada de como foi experimentada a transição abrupta para formatos de enquadre mediados por recursos tecnológicos. Os relatos de supervisão também destacam como se mantiveram ou não as invariantes do método analítico e as dificuldades enfrentadas. Nisso foi palpável que o que está em jogo não é somente o tipo de dispositivo, mas a adequação do analista e o analisante, com suas particularidades, com relação ao trabalho analítico nesse formato.

O Congresso Didático de 2020 colocou em prática as transformações dadas e as possibilidades que começávamos a explorar usando a tecnologia para nos encontrar em atividades científicas. E as possibilidades pelas quais começamos a transitar nos eixos do tripé?

Por outro lado, a situação da pandemia havia mostrado, de maneira dramática, a incidência do que acontece na comunidade e os efeitos da cultura no campo da clínica psicanalítica. Isso tem sido evidente há décadas, mas nesse momento foi contundente. Além das considerações clínicas sobre o impacto de continuar ou iniciar a análise mediada por dispositivos tecnológicos, em muitas sociedades da América Latina já haviam sido abertas linhas de emergência para atender o sofrimento da população. O trabalho remoto fez isso possível e foi uma experiência bem importante tanto para quem recebeu a ajuda quanto para os que puderam ajudar em formatos pouco usuais nesse momento.

As comunicações e vínculos mediados por plataformas digitais nas que milhões de pessoas navegam em todo tipo de redes cibernéticas, há anos, são parte da cotidianidade no mundo contemporâneo. Podíamos continuar à margem disso nas considerações sobre a formação psicanalítica no contexto atual? A situação da pandemia nos empurrou vertiginosamente a uma situação que pouco a pouco havia estado entrando em nosso campo: o trabalho "a distância", com as necessárias considerações metapsicológicas sobre um campo clínico no qual se possibilita uma forma de presença incomum no século passado. Como evoluiu a psicanálise, ou melhor, como evoluímos os psicanalistas perante as transformações de época que nos questionam?

O concernente à clínica psicanalítica e sua relação com a cultura e a comunidade foi, e continuou sendo, um eixo imprescindível nos diálogos e debates sobre a transmissão da psicanálise.

Neste caso concreto de situação de pandemia mundial, a comunidade, população no geral, estava afetada. Nessas circunstâncias, as pessoas que fazemos parte da comunidade de analistas estávamos lidando com uma forma de trabalho que para muitos resultava novidade ou perante a qual, inclusive, mostravam resistência, e ao mesmo enfrentando situações de crise – as próprias e as da população mundial afetada pelos inúmeros lutos, as mortes, o temor e a incerteza.

Essas eram as circunstâncias quando aconteceu esse Congresso Didático no marco do Congresso da Fepal 2020, *Fronteiras*. O primeiro na nossa história em acontecer na modalidade não presencial.

O Congresso Fepal estava totalmente organizado para ser celebrado em Montevidéu, mas pela situação da pandemia, sua data foi prorrogada um par de vezes com a esperança de que finalmente pudesse acontecer. Enfrentar que não ia ser possível foi bastante doloroso. A esperança de que a pandemia passaria em alguns meses se transformava na notícia de que o confinamento requerido pela emergência sanitária iria se estender por tempo indefinido, o que resultava bem assustador. O clima desse tempo não pode ficar à margem do que estava acontecendo nas nossas vidas, nos nossos institutos com sedes fechadas, na nossa federação, e no vazio dos nossos consultórios, pois o encontro presencial implicava perigo.

Nesse cenário – que é importante recordar –, o fato de que o Congresso Fepal não foi cancelado, e, apesar de tudo, pôde ser realizado de modo "virtual", contribuiu para sustentar a confiança na continuidade do nosso trabalho, mesmo em uma situação mundial de crise.

O congresso foi organizado contornando o risco que representava, nessa circuntância, um ponto de ruptura com o estabelecido. A tradição e a invenção se uniram ao ritmo da virada de 2020. Nesse momento resultava uma ousadia aventurar-se em um congresso psicanalítico on-line. O primeiro na história da América Latina.

Com o título que originalmente tinha sido escolhido muitos meses atrás, sem imaginar o que iria acontecer, "Fronteiras" se ressignificou, incluindo agora a dimensão de uma geografia virtual que, alterando as fronteiras geográficas, possibilitou que desse modo pudéssemos reunir-nos, congregar-nos, para tratar temas que também contornavam, naquele momento, as fronteiras temáticas usuais no nosso campo da psicanálise. Não estávamos apenas focados exclusivamente na pandemia e na virtualidade, mas, sem deixá-las de lado, o trabalho científico do congresso incluiu temas que tradicionalmente estiveram nos limites das atividades científicas usuais. Racismo, sexualidade, migrantes, políticas públicas e perspectivas de outras disciplinas em diálogo com a psicanálise, abriram um amplo leque temático que fazem parte dos debates contemporâneos em que a prática atual, e o trabalho remoto nela, deram lugar a um congresso no qual literalmente se contornavam e redefiniam muitas fronteiras.

Além de poder dar continuidade às atividades científicas, e a importância que teve a aproximação emocional que transcendia significativamente a distância geográfica, essas atividades federativas com a novidade das plataformas *Zoom*, inauguravam experiências novas no que Stefano Bolognini acrescentou ao tripé da formação psicanalítica apresentando um modelo quadripartite no qual, além da análise, supervisão e seminários, que constituem o tripé fundamental na formação psicanalítica, ele acrescenta o intercâmbio científico e a vida institucional como função constitutiva permanente da identidade psicanalítica. Que efeitos tem, na transmissão da psicanálise, a possibilidade que desde então foi aberta, para participar em atividades científicas, tanto da Fepal quanto de diversas sociedades que começaram a convocar abertamente a colegas e analistas em formação de todas partes? Não é demais dizer que muitas dessas atividades foram gratuitas.

É clara a importância dos vínculos na própria instituição, mas a participação em reuniões e atividades científicas, além das fronteiras das sociedades de pertencimento, transformou-se numa possibilidade para muitos colegas que, não podendo arcar com viagens a congressos ou atividades de outras sociedades, não podiam participar da riqueza que outorga a amplitude de perspectivas resultantes das atividades interinstitucionais que começaram a se multiplicar.

Podemos afirmar agora que isso fortaleceu o movimento psicanalítico em nossa região. Melhor dizendo, impulsionou-o ao fervor dos tempos novos.

Vale a pena lembrar aqui algumas palavras de Ricardo Carlino (2010), um dos primeiros autores latino-americanos sobre clínica psicanalítica por meios remotos:

> *Um século depois dos escritos técnicos de Freud, é necessário reformular alguns pontos sob a luz das circunstâncias atuais, abrangendo conceitualmente essas transformações. Mas, sobretudo, é importante pensar no que vai se tornando necessário atualizar na transmissão da psicanálise em um mundo que muda. Não somente em aspectos "técnicos", mas constitutivos e constituintes da subjetividade destes tempos. (p. 27)*

Isso tem sido essencial como o cerne das atividades que organizamos como comissão durante essa travessia, na qual tem sido absolutamente crucial a reflexão contínua que, partindo da clínica psicanalítica no século XXI, requer aprofundar sua especificidade, abrindo espaço para "novos caminhos na terapia psicanalítica" à luz das mutações civilizacionais que, em muitos aspectos, não se limitam apenas a questões tecnológicas, mas são parte da subjetividade de nossos tempos.

Muitos autores apresentaram isso de modo contundente e muito antes da pandemia, confrontando-nos em muitos sentidos. Entre eles, Marcio di Freitas Giovanneti, que em 2005 escreveu:

> *[...] os pacientes que tínhamos no final do século passado chegavam à análise com a ideia de um tempo e um lugar de permanência, por isso não parecia estranho para eles que nós, analistas, exigíssemos uma determinada*

> *frequência semanal de sessões, já que tinham, internamente, o conceito da permanência. Os pacientes que hoje surgem, devido à sua vivência em um mundo em que não há mais fronteiras e em que a ideia ou conceito de permanência estão substituídos pelo de velocidade e aceleração de tempo, não podem ser apresentados ao enquadre clássico de análise, sob perigo de que não se constitua nenhuma análise.*

- Podemos ignorar isso que já era evidente há anos?
- Que lugar ocupam essas mudanças na formação de psicanalistas?
- Quais reformulações são necessárias para sustentar a vigência da psicanálise num mundo que muda?

A pandemia acelerou transformações que vinham sendo anunciadas há tempos ao considerar a clínica, problemáticas e desafios nos nossos dias. Clínica que não fica de lado ao pensar na análise dos analistas em formação e os casos que eles conduzem. Clínica que não sempre se apega ao modelo tradicional da neurose tampouco ao modelo tradicional dos formatos de encontro presencial. Por acaso não resultou formativo o trabalho nas circunstâncias transitadas nesses anos? Que aprofundamentos derivaram da experiência por todos atravessada?

Por outro lado, como lembramos na convocatória à primeira reunião virtual de Diretores de Institutos da Fepal, que aconteceu em 2021, Freud havia escrito em 1919 que havia de adaptar a psicanálise às novas condições. Não são as mudanças de época condições às que devemos adequar-nos, com desenvolvimentos teóricos que partem da clínica, ampliações da técnica e abordagens metapsicológicas? Não é a isso que nos convoca a travessia deste tempo? Não é fundamental sustentar nisso as regulamentações com relação à prática com dispositivos tecnológicos?

Nesse mesmo artigo, Freud também se referia à forma como a psicanálise poderia ser acessível à população, e não apenas a uma elite:

> *Nossas condições de existência limitam nossa ação às classes abastadas da sociedade, as quais costumam escolher seus médicos por elas mesmas, afastando-se da psicanálise, nesta escolha, por uma série de preconceitos. Desse modo, ainda nada podemos fazer pelas classes populares que tão duramente sofrem sob as neuroses. Suponhamos agora que uma organização qualquer nos permita aumentar tanto nosso número que sejamos suficientes para tratar grandes massas de doentes. Por outro lado, também é previsível que algum dia há de despertar a consciência da sociedade e advertir a esta que os pobres têm tanto direito ao auxílio do psicoterapêuta quanto do cirurgião, e que a neurose ameaça tão gravemente a saúde da população [...]*
>
> *[...] mas quaisquer que sejam a estrutura e a composição desta psicoterapia para a população, seus elementos mais importantes e eficazes continuarão sendo, com certeza, tomados da psicanálise propriamente dita, rigorosa e livre de toda tendência (p. 2.461-2.462).*

Nesse sentido, no que diz respeito ao trabalho sobre a transmissão da psicanálise no contexto latino-americano, é importante levar em conta que a possibilidade de trabalho remoto tornou acessível não somente a psicanálise, mas inclusive a formação psicanalítica, para aqueles que não havia sido possível, considerada a dificuldade de solucionar as viagens nos casos daqueles que enfrentavam a falta de institutos na cidade.

Alguns interessados começaram a encontrar oportunidades por intermédio do Instituto Latino-Americano de Psicanálise (ILAP), que, ao operar sem um local físico como sede e incluir analistas, supervisores e docentes colegas de diferentes países, tem sido pioneiro em experiências formativas diferentes das tradicionais. Essas experiências, nos diversos diálogos entre colegas de diferentes filiações, têm sido extremamente enriquecedoras para entender o modo de funcionamento de um instituto com características tão diferentes dos demais institutos latino-americanos. Isso foi especialmente relevante em um momento de grande incerteza, quando todos saíram das experiências habituais e as sedes estavam fechadas.

Tudo isso foi acontecendo em um tempo que, transitando a crise, ao mesmo tempo foram ampliados os horizontes da nossa prática, tornando-se mais acessível em um momento de grande necessidade.

E em que medida toda a experiência ocorrida se integra à formação psicanalítica para além da situação da pandemia?

"*Somos uma geração forjada a altas temperaturas*"

Vários aspectos que se sustentam na clínica, bem como os diferentes contextos em que se inserem os institutos, foram abordados no Ciclo de Mesas de Diálogo que organizamos poucos meses depois do Congresso Didático 2020, e um ano depois do obrigatório confinamento pela pandemia. Demos o nome de Mesas "Quatro por quatro" porque em cada uma das mesas participaram quatro analistas e quatro analistas em formação, todos de diferentes filiações, países e gerações.

A ideia era abrir diálogos em pequenos grupos interinstitucionais e intergeracionais que possibilitassem um panorama amplo sobre o modo como se estava realizando a formação psicanalítica com o trabalho a distância nos diversos institutos da Fepal. Havia passado um ano desde o início da pandemia e, com isso, a transição para o trabalho remoto na formação psicanalítica. Naquele momento, o impacto inicial havia dado lugar a uma rotina totalmente inédita.

Nessas mesas de diálogo participaram diretores de institutos e analistas em formação de quase todas as sociedades da Fepal, incluindo o Instituto Latino-Americano de Psicanálise. Devido aos grupos serem pequenos, todos podiam participar em um intercâmbio caloroso e emotivo, o que permitiu criar uma espécie de cartografia sobre o que estava acontecendo em diferentes pontos da América Latina, como a crise foi enfrentada inicialmente e a experiência vivida com a mudança para um formato de tripé totalmente remoto após mais de um ano de trabalho.

Sobre o impacto da pandemia, os depoimentos relatavam situações bem dramáticas e desestabilizadoras dentro de muitos institutos. Foi terrível para aqueles que, em nosso contexto, perderam colegas, analistas, colegas que faleceram por situações relacionadas à Covid-19. Os analistas continuaram trabalhando mesmo com a dor das perdas de familiares e amigos. A morte assolou violentamente, acrescentando a sensação de vulnerabilidade e desamparo que afetou a muitos entre nós. Houve muitíssimas pessoas que passaram por angustiantes processos de doença, próprios ou de parentes, amigos ou colegas da sociedade. No entanto, fomos tomando conhecimento de que mesmo com as turbulências da crise, em questão de semanas, todos os institutos foram se adequando às mudanças resultantes da situação da pandemia. Alguns tiveram de parar, mas não por muito tempo.

E a possibilidade de prosseguir com as análises nessas circunstâncias foi, segundo muitos depoimentos, um suporte imprescindível.

É importante salientar que quase todos os participantes dessas mesas de diálogo expressaram o alívio de poder falar e compartilhar essas experiências nesses pequenos grupos e o valor do intercâmbio intergeracional para poder ter diversas perspectivas, saber como estavam vivenciando e sendo resolvidas as questões em outros lugares, bem como o que estava acontecendo no interior das diferentes instituições psicanalíticas. Foi uma verdadeira polifonia que tornou evidente a riqueza dos diálogos interinstitucionais que começavam a multiplicar-se, possibilitando aproximações e encontros em atividades científicas que constituíram janelas importantes e formas de vínculo social imprescindíveis em um processo de mudanças e transformações.

Na espontaneidade desses encontros foram surgindo diversas situações críticas de diferentes ordens que, pensadas desde os processos de formação psicanalítica, não podem ficar à margem da reflexão. A violência em muitas cidades da América Latina, a forte migração que deslocou um grande número de pessoas, incluindo muitos psicanalistas em alguns países, os efeitos das ditaduras no exercício da nossa profissão, as agitações sociais em diversas cidades, o racismo como ponta do iceberg de uma organização estrutural com suas raízes na colonização que marca a história das nossas raízes, as desigualdades de toda ordem, as marginalizações e muitos outros temas que foram pensados a partir de experiências concretas e que foram questionando o lugar que tudo isso ocupa dentro dos institutos.

"*Somos uma geração forjada a altas temperaturas*", esta frase foi dita por uma jovem analista em formação ao fazer referência a uma agitação social ocorrida recentemente na cidade em que ela mora e que, como muitas pessoas naquele momento, estava sofrendo pelos efeitos. "É importante que possamos falar dessas coisas dentro de nossos institutos", foi o que ela disse e o que muitos disseram ao tratar das problemáticas que, mesmo de contextos e épocas diferentes, ressoavam com as circunstâncias próprias.

Assim, uma reflexão constante tem sido sobre o lugar que o que acontece na comunidade, tem dentro dos institutos. Podemos fechar as portas para isso? Qual é o lugar que a perspectiva psicanalítica exteriormente aos consultórios tem em nossos espaços de formação? Com o que podemos contribuir? O que esse trabalho contribui para nossa prática, ou mesmo para nossa formação?

Desde então, temos enfatizado o que chamamos de tripé – clínica, cultura e comunidade –, com a ideia da inter-relação dos contextos nos quais estão inseridos os desconfortos individuais e coletivos que marcam as problemáticas clínicas que enfrentamos diariamente. Nesses diálogos, pudemos testemunhar contrastes de diversas perspectivas.

Ficou bem claro que, para alguns colegas, a experiência com o trabalho "a distância" era totalmente nova, mas houve sociedades nas que, devido à alta migração por questões políticas, o trabalho on-line era praticado há quase vinte anos.

Evidentemente, isso abre perspectivas diferentes com relação à eficácia do trabalho on-line no tocante a aqueles que não tinham nenhuma experiência prévia. No entanto, enfatiza também a relevância dos contextos dos diferentes países ou comunidades que derivam em experiências clínicas diferentes e que, no que diz respeito ao trabalho remoto na formação psicanalítica, é necessário levar em conta.

Considerações sobre o tripé da formação psicanalítica

Depois do ciclo de mesas de diálogo "Quatro por Quatro", mediante o qual conseguimos ter uma ideia geral da situação que estava sendo vivenciada nos diferentes institutos que fazem parte da Fepal, bem como experiências gerais no tripé com o trabalho a distância, organizamos um espaço para nos aprofundar em cada um dos eixos: análise, supervisões e seminários à luz da experiência pela qual estávamos transitando.

Cada um desses temas requer um capítulo separado para traçar os pontos centrais dos importantes debates e controvérsias que surgiram. Controvérsias que tiveram seu ponto mais crítico no que diz respeito à análise didática.

Por enquanto, é importante comentar que o XXI Encontro de Institutos esteve centrado no fecundo intercâmbios de ideias em torno do tripé da formação psicanalítica. Também abrimos espaço para o relacionado ao trabalho e à formação no campo da infância e adolescência, pois alguns dos institutos têm formação integrada ou programas e matérias focadas neste campo. Como estava sendo vivenciada a experiência do trabalho "remoto" com as crianças e adolescentes? Que dificuldades surgiam no campo da supervisão, quando os supervisores não tinham experiência prévia no atendimento a distância em um formato em que o lúdico continuou sendo privilegiado? Como isso estava ocorrendo? O trabalho analítico no terreno virtual era inconcebível com crianças até muito recentemente. De fato, no relatório do XX Encontro de Institutos, realizado em Porto Alegre em 2019, organizado pela Comissão de Formação que antecede a atual, ficou registrado: "*Todos coincidiram em que trabalhar com crianças é mais exigente e não visualizam um serviço virtual*".

No entanto, um ano depois coletamos vários depoimentos sobre a experiência com crianças e adolescentes trabalhando em um formato que parecia inconcebível.

Para ampliar a perspectiva, convidamos colegas que na época faziam parte da Comissão de Infância e Adolescência da Fepal, considerando que sua experiência, baseada no intenso trabalho que estavam realizando, seria o melhor ponto de partida para o diálogo sobre o trabalho a distância com crianças e adolescentes, e sobreo impacto desta experiência nos programas de formação.

Realizamos o mesmo para o eixo de Comunidade e Cultura, convidando aqueles que faziam parte desta comissão durante o período de mudanças que estávamos atravessando. Também convidamos colegas que participaram em representação do Grupo de Estudos de Psicanalistas na Comunidade, os quais há algum tempo têm trabalhado de forma interinstitucional em diferentes países da América Latina no que diz respeito ao trabalho analítico na comunidade e no que este trabalho contribui para a formação psicanalítica.

O título desse XXII Encontro de Institutos foi Transformações: Transmissão e Formação Psicanalítica em Movimento. Perspectivas Latino-americanas.

A formação se transforma? Continuamos sustentando os modelos de formação aceitos pela Associação Psicanalítica Internacional, mas é imprescindível considerar como as mudanças de época afetam a transmissão de uma geração para outra.

Pensar na psicanálise na cena contemporânea nos leva a pensar na psicanálise do século XXI, com o impacto das transformações socioculturais, mudanças de paradigmas, novas configurações familiares, subjetividades que ampliam o leque em relação às polaridades masculino ou feminino, e os caminhos desejantes em um tempo vertiginoso que impulsiona mutações civilizacionais.

Após um século de transmissão da psicanálise de divã em divã, de repente nos encontramos nestes anos de *Zoom*, *Skype*, telefone, videochamadas e cenários inéditos. Continuamos a travessia.

Esse foi o primeiro encontro virtual de institutos. Também foi o primeiro encontro de institutos a ser organizado em colaboração com a Organização de Candidatos da América do Sul (OCAL). Esse é um ponto importante porque implica uma mudança também com relação ao lugar dos analistas em formação em algumas atividades científicas.

Previamente, em encontros de institutos anteriores, os analistas em formação eram convidados e até mesmo algum representante participava da mesa de abertura, e se integravam às discussões das jornadas de trabalho. Mas dessa vez, eles foram participantes desde a organização.

A ideia que sustentou isso desde a Comissão de Formação é que é de fundamental importância que os analistas em formação tenham seus próprios espaços organizados desde a OCAL, com a riqueza do trabalho que resulta dessas atividades. Mas ao mesmo tempo, é necessário que exista uma instância "ponte" para poder estabelecer um diálogo institucional que possa somar as diversas perspectivas sobre temas que muitas vezes são abordados em paralelo. Portanto, é de grande importância ter pontos de convergência, também intergeracionais, sobre questões que afetam a todos. Daí a ideia de organizar o Encontro de Institutos dessa maneira.

De uma geração para outra ao longo de mais de um século

Nesse XXI Encontro de Institutos nos focamos também no que diz respeito a esse passo geracional.

"Passar a tocha em um mundo que muda" é o título que teve esse importante diálogo que aconteceu no marco deste encontro entre Adriana Prengler, vice-presidente da Associação Psicanalítica Internacional, e Gabriel Rivera, secretário científico da OCAL e integrante da Comissão de Formação e Transmissão da Psicanálise na Fepal.

O fato de que Gabriel Rivera se integrou à Comissão de Formação e Transmissão da Psicanálise da Fepal demonstrou o interesse por enfatizar que a reflexão em torno à transmissão da psicanálise não pode ficar à margem da perspectiva dos analistas em formação.

Também foi importante trabalhar em favor de um diálogo horizontal que contrasta com os efeitos de infantilização que frequentemente fizeram parte dos efeitos de junções institucionais no processo de transmissão. Temos múltiplos depoimentos sobre esse ponto, inclusive de colegas, com atual reconhecimento internacional, que narram com dor situações enfrentadas com relação a isso durante seu processo de formação.

Assim, tem sido bem importante a maneira como cada vez está se dando maior lugar na participação dos analistas em formação em temas que dizem respeito a seu processo de formação. Pelo menos na América Latina.

Os analistas em formação vão iniciando sua experiência no campo analítico, mas muitos têm importantes trajetórias, práticas profissionais, outras formações ou simplesmente perspectivas sobre os passos que vão dando.

"Não somos apenas pensadores do futuro, somos também pensadores do presente". Tal depoimento de uma analista em formação na abertura do Congresso Didático 2020 tem sido demonstrado há muito tempo pelo importante trabalho realizado pela organização de

candidatos da América Latina e pela riqueza de diálogos intergeracionais que têm ocorrido ao longo desse tempo.

Consideramos que essa é uma mudança institucional significativa que também tentamos impulsionar desde nossa gestão como Comissão de Formação e Transmissão da Psicanálise da Fepal, com o desejo de que nas próximas gestões sempre tenhamos a presença de um representante dos analistas em formação, designado pela OCAL.

Entre a perplexidade e o assombro, o movimento psicanalítico segue em frente

Poucos meses depois desse XXI Encontro de Institutos, organizamos a Primeira Reunião de Diretores de Institutos da Fepal, na que, evidentemente, também participou o Instituto Latino-Americano de Psicanálise (ILAP). Uma vez que a reunião aconteceu via plataforma Zoom, quase a totalidade dos participantes esteve presente. Dois anos já tinham se passado de estar trabalhando no tripé da formação de modo remoto e de que as sedes dos institutos continuavam fechadas.

A reunião de diretores do instituto foi um espaço bem rico que permitiu a troca de experiências, inquietações, ideias e perspectivas sobre a formação psicanalítica considerando as circunstâncias em curso e o que estava por vir.

Que impacto estava tendo tudo isso na geração que estava cursando a formação sob essas circunstâncias? Após dois anos trabalhando dessa forma, que posições haviam sido tomadas dentro dos institutos?

Havia muito a ser discutido a partir da experiência dentro dos institutos, e muita inquietação em saber como essa experiência estava sendo vivenciada em outros lugares. Mas, acima de tudo, havia muita preocupação com o futuro.

O que ficava claro então é que não pode se limitar o assunto ao presencial ou não presencial sem considerar a multiplicidade de fatores. Aos diferentes enquadres se somaram uma multiplicidade de variáveis que surgiram ao perder o denominador comum do trabalho dentro do consultório. Os dispositivos mais comuns foram telefone, *Skype*, *Zoom*, videochamada, com ou sem imagem, ou até mesmo o analisante em um sofá, divã, ou em diversos locais acordados, segundo as circunstâncias da dupla analítica em cada caso. É importante enfatizar o fato de que um mesmo analista pode ter, dentro de sua prática, diferentes dispositivos, de acordo com cada caso. Isso se torna importante ao pensar na singularidade que se perde sob a generalizada denominação "a distância". E, acima de tudo, é significativo salientar que, no geral, cada dupla de analista e analisante continuou trabalhando segundo o modo acordado em cada caso, à margem de diretrizes institucionais ao respeito.

As diferentes modalidades de trabalho trouxeram considerações clínicas em torno do corpo, mas também em relação ao campo perceptual: o olhar ou a ausência dele quando se usa telefone ou tela desligada, e outras múltiplas variantes que surgiram ao determinar o que, em circunstâncias tão diversas, possibilitava, ou não, a continuidade da análise. Também foram observados em quais casos e por que motivos se optava por uma modalidade ou outra. Este último aspecto também foi pensado de acordo com o caso clínico.

Foi discutida a relevância da variação em relação aos indivíduos que estavam iniciando análise, ou aqueles que já estavam em análise há algum tempo quando tiveram que mudar para a análise a distância.

Foi a opinião geral que, mesmo nos casos em que foi possível permanecer na análise on-line, é importante investigar as consequências que se abrem em um campo clínico que ainda requer muito estudo, especialmente seu impacto na transmissão da psicanálise. Temos apenas um par de décadas de experiência com a clínica psicanalítica on-line, em contraste com cem anos de trabalho presencial.

Houve opiniões de alguns diretores de instituto sugerindo que, mesmo após o fim das restrições da pandemia, os analistas em formação se beneficiariam ao terem uma experiência híbrida, ou seja, uma combinação de análise presencial e análise remota. Considera-se que a análise por meios virtuais também proporciona uma experiência que oferece ferramentas para lidar com uma clínica que, devido às mudanças culturais, está cada vez mais impondo a virtualidade.

Para muitos colegas, e inclusive analistas em formação, sua prática clínica se internacionalizou. Quais considerações são necessárias nos programas de formação com relação a uma realidade que se impõe nos contextos das mudanças de época?

Travessias na formação psicanalítica

Perspectivas Latino-americanas

Não há dúvida de que nessa travessia iniciada em 2020 nos vimos confrontados em muitos aspectos durante um período que foi refletido no título do Congresso da Fepal 2022: Transitoriedades e Incertezas, em que estamos vislumbrando, – ou melhor, construindo -, o futuro.

O nome do Congresso Didático que aconteceu no marco desse congresso foi: Travessias na Formação Psicanalítica: Perspectivas Latino-americanas .

Continuávamos todos trabalhando no campo virtual, já que a pandemia, mesmo com as vacinas, ainda não conseguia ser controlada de forma suficiente para tornar seguros os encontros presenciais.

O que "aprendemos" no decorrer dessa experiência? O que pode dizer cada um de nós sobre a prática a distância depois de tê-la vivenciado durante tanto tempo?

O que naquele momento era bem claro é que pode ser bastante empobrecedora a comparação entre presencial ou não presencial sem levar em consideração que são experiências diferentes. Mais do que focar ou tratar de equiparar as semelhanças ou contrastar diferenças, é preciso continuar trabalhando na compreensão de uma dimensão em que é imprescindível aprofundar nossos conceitos metapsicológicos e técnicos, diminuindo o risco de encaixar um tipo de enquadre dentro de outro. Por essa via se direciona o trabalho que tem origem na clínica psicanalítica e as contingências desse processo em enquadres não presenciais.

Nesse espírito, as inquietações em torno à formação psicanalítica continuaram no entrecruzamento entre a clínica e a política institucional. Como continuar? Que posições estavam sendo tomadas dentro dos institutos? Quais considerações políticas definirão as diretrizes institucionais a seguir?

Havia grande inquietação sobre as recomendações que finalmente tinham sido feitas pela Associação Psicanalítica Internacional, com relação ao modo de continuar usando os recursos tecnológicos na formação, uma vez declarado o fim da pandemia. Mas, por acaso, somente o contexto da pandemia é relevante? Pode-se desconhecer outras necessidades de contexto nas quais o trabalho a distância tem resultado ser uma ferramenta inestimável? Acima de tudo, como continuar adentrando-nos na dimensão e na abrangência do trabalho mediado por recursos tecnológicos se essa experiência chegasse a ficar fora do campo da instituição? O último mencionado sabemos que já é impossível. Não pode ficar fora. O ponto é: como fica?

No Congresso Didático 2022, trabalhamos sobre Considerações sobre o Futuro da Psicanálise e sua Transmissão: Perspectivas Latino-americanas. Abordamos também o que ao longo do nosso trabalho como comissão promovemos no vínculo entre a clínica, a cultura e a comunidade na transmissão da psicanálise.

Com relação a isso, organizamos um importante painel sobre "Cenários Sociopolíticos no campo da Transmissão da Psicanálise".

O título, que gerou muito interesse, possibilitou destacar a relevância dos cenários sociopolíticos em diversas dimensões de nossa prática, e, portanto, em sua transmissão, oferecendo uma visão geral do contexto latino-americano, suas problemáticas, bem como os movimentos institucionais que enfrentam estas questões.

Nesse contexto, é de fundamental importância o que diz respeito ao tema do racismo. Visibilizar as múltiplas dimensões do racismo estrutural abre caminhos necessários para o trabalho, conscientização e ações reparadoras em um tema que nos afeta a todos.

São considerações importantes ao pensarmos na transmissão da psicanálise e a formação das gerações de analistas nos programas atuais. Que reformulações poderiam ser necessárias para enfrentar as enormes urgências apresentadas nos tempos presentes? Que lugar tem o traumático coletivo na subjetividade singular? Como nos implicamos? Que lugar damos aos efeitos da colonização no relacionado ao movimento psicanalítico na América Latina?

Temos observado também resistência entre colegas que não veem relevância na articulação da clínica com a cultura e a comunidade. Focam apenas no estudo clínico de forma transversal, sem considerar o contexto como um fator influente. Isso ocorre não apenas nas apresentações sintomáticas das patologias atuais, mas também nas políticas que definem o que é patológico e seus limites de uma época para outra, ou de um contexto cultural para outro.

Não influenciam esses movimentos os debates contemporâneos no entrecruzamento com os conceitos que precisam ser constantemente repensados, conforme vão ocorrendo mudanças nos contextos sociopolíticos e culturais?

O título do Congresso Didático de 2022 enfatizava as Perspectivas Latino-americanas. A implicação do título é de extrema relevância, pois marcamos a especificidade do contexto de nossa região e a importância do trabalho realizado entre nós. Com o trabalho remoto, multiplicaram-se os intercâmbios, diálogos e debates que permitiram conhecer as particularidades dos diferentes institutos e os efeitos dos contextos em que eles estão localizados, mas, acima de tudo estimulou-nos a um intercâmbio no qual muitos de nós nos confrontamos com questões e problemáticas que, ao surgirem de contextos diversos, têm provocado aberturas para o não pensado, permitindo-nos sair do nosso próprio contexto para conhecer o de outros na grande diversidade que existe na América Latina.

Sem dúvida, tudo isso transformou e enriqueceu o movimento psicanalítico do qual formamos parte, sendo que a possibilidade de participar continuamente em atividades científicas, tanto da federação como das diferentes sociedades, vai em direção a um universo de perspectivas que se nutrem do diálogo e do intercâmbio.

E o navio vai.....

Em 2022 continuamos essa travessia, agora com a Diretoria da Fepal que iniciou seu trabalho neste ano, com Wania Cidade como presidente e Marina Massi como coordenadora científica da Fepal. Nesse momento, muitos membros da Fepal já nos conhecíamos ao encontrar-nos uma e outra vez, ao longo desse tempo, pelas telas do *Zoom*. Uma nova familiaridade deriva de laços que têm contornado as distâncias da geografia. Amizades, trabalhos e vínculo de afeto têm surgido das janelas virtuais que nos conectam de um modo que, ainda no fim do século XX, eram próprias da ciência-ficção.

O início de uma nova gestão da Fepal coincidia com o período em que o retorno ao presencial estava acontecendo de modo gradual e fazia tempo que as sociedades tinham começado a reabrir suas sedes. As políticas sanitárias de cada país iam dando diretrizes diferentes. No geral, o retorno aos seminários presenciais, às análises e supervisões iam acontecendo de acordo com as possibilidades de cada um. E então, o retorno ao presencial podia ser exigido? Em que medida? Entra aqui o tema da política institucional e os fundamentos para manter diretrizes.

Mais do que a exigência, é importante contemplar o desejo. Aqui tem se apresentado, desde o início dos institutos psicanalíticos, o que se entretece entre o desejo e a obrigatoriedade. Tema crucial e com vórtices que é necessário tratar em um capítulo separadamente.

Até agora, a situação geral era que havia o desejo de retornar ao presencial, mas alguns preferiam não fazê-lo devido a múltiplas circunstâncias, incluindo o medo daqueles que estavam na faixa etária com maior possibilidade de contágio. A pandemia ainda não havia sido oficialmente declarada como encerrada.

Como em tudo, estavam em jogo aspectos subjetivos e aspectos próprios do contexto. E, naquele momento, as preocupações estavam de acordo com o risco que, como população, estivemos vivenciando.

A questão de tomar ou não a vacina contra a Covid-19 foi considerada algo que, por ética, deveria ser deixado à vontade de cada um e ser respeitado. Como foi comentado em reunião de diretores de institutos, isso não podia ser imposto. Já bastavam as políticas sanitárias de cada país. Isso implicou deixar a livre arbítrio a decisão da assistência presencial ou a distância quando o retorno ao presencial começou a ser possível. Mesmo pouco a pouco, com o controle da pandemia, a volta às sedes foi acontecendo de forma gradual, aproximadamente no segundo semestre de 2021, mesmo quando continuou o trabalho combinado entre presencial e remoto.

Encontros com os rostos cobertos

Por outro lado, não podemos esquecer que o retorno ao presencial, durante muito tempo, somente foi possível com o uso de máscaras, que era uma medida de proteção, mas ao mesmo tempo era uma lembrança do perigo que continuava na espreita, e que isso não podia ficar à margem do que invadiu análise, supervisões e seminários.

Encontros com os rostos cobertos. Isso foi parte da vida institucional, mas também das situações clínicas em momentos nos quais, mesmo no presencial, a sensação de perigo pelo contágio espreitava.

Psicanálise em clave latino-americana

Consideradas as circunstâncias desse tempo e tomando em conta os horizontes que se abriram com a experiência com o trabalho remoto, ficou clara a possibilidade deste recurso inestimável com relação ao qual já contávamos com infinidade de depoimentos de experiências clínicas e supervisões que desenvolveram a prática mediada por dispositivos tecnológicos.

Considerando a importância de manter o uso do trabalho "remoto" no campo da formação psicanalítica no contexto da América Latina, em janeiro de 2023, a comissão de Formação e Transmissão da Psicanálise, em acordo com a direção da Fepal, transmitimos aos membros um comunicado com nosso posicionamento:

> *No caso da América Latina, é necessário considerar as extraordinárias dimensões territoriais de alguns países, somadas à desigualdade social que resulta na concentração da entrada em grandes centros urbanos, especialmente nas capitais, com importantes consequências sobre o alcance ou não, e em que medida, de recursos educacionais, culturais e de saúde para a população.*
>
> *As instituições psicanalíticas filiadas à IPA são parte dos bens que, no geral, continuam sendo inalcançáveis para um grande número de pessoas, às vezes apenas pelas grandes distâncias que as separam dos lugares em que estão localizadas as sedes das sociedades, pelo privilégio proferido pelo contexto econômico.*

> *A difusão da psicanálise se impõe inquestionavelmente e, neste sentido, cumprindo condições específicas e bem definidas, torna-se imperativo aproveitar a experiência do uso dos recursos que oferecem as práticas virtuais, e a modalidade híbrida, para facilitar o acesso à informação psicanalítica a pessoas que até agora não tinham podido acessar a ela.*

Esse comunicado foi difundido na Fepal e transmitido ao Comitê de Educação da IPA na tentativa de contribuir na sustentação da importância da especificidade da América Latina no relacionado às regulamentações sobre o trabalho a distância na formação psicanalítica.

Em 2003, três anos depois do início da pandemia, a reunião do Conselho de Presidentes finalmente voltou a ser presencial. Nesse ano também foi presencial o Congresso da IPA, que aconteceu em Cartagena, no qual foram debatidos esses temas.

Todo o trabalho tinha continuado seu fluxo e pouco a pouco foram reiniciadas as atividades presenciais. Nesse momento, o campo da clínica psicanalítica esteve repleto de experiências incomuns até o momento: analistas que por primeira vez viam alguns de seus analisantes presencialmente. Os depoimentos desses "primeiros encontros/reencontros" fora da tela são memoráveis. Além disso, também surgem como importantes depoimentos para aprofundar em situações clínicas em experiências de trânsito entre tela e consultório e a combinação de ambas.

É de grande importância enfatizar o interesse de membros e analistas em formação em ser participantes das políticas institucionais e a relevância que tem como efeito de transmissão, com a diferença que fica em jogo entre obedecer ou debater, propor, acordar ou sustentar o desacordo na busca de diretrizes que façam sentido às necessidades diversas das diferentes regiões, inclusive dos diferentes institutos. Pode-se estabelecer um padrão? Ou a pluralidade pode ser fator de enriquecimento de todo o conjunto? Há garantias em um padrão? Garantias do quê?

Em maio de 2023, a Organização Mundial da Saúde (OMS) declarou oficialmente o fim da pandemia. Uns dias depois aconteceu o Debate Aberto E agora o quê? no qual se fez convite para debater sobre o trabalho remoto na formação psicanalítica na América Latina.

Esse debate foi histórico dado o interesse que gerou e que se evidenciou na altíssima afluência que teve 270 participantes. Nos reunimos via *Zoom*: analistas, analistas em formação e dirigentes de sociedades psicanalítica da América Latina, e diretorias da Fepal, ILAP, OCAL, ABC e IPSO. Esteve presente também a vice-presidente da IPA.

Pela importância dos assuntos que foram sendo apresentados e o debate intenso, este teve que ser prorrogado por mais uma hora do previsto: de três horas a quase quatro.

No decorrer desse debate foi mostrada a relevância de conseguir uma proposta de posicionamento latino-americano que destacasse um lugar às particularidades dos diferentes institutos da nossa região, de tal modo que estivessem representados, tomando em conta as necessidades dos diferentes contextos que se inserem nossos institutos e as considerações socioculturais, históricas, geográficas, econômicas e políticas com relação às que ficaram claro que não podem ficar à margem das considerações em torno à transmissão da psicanálise e uma formação que dê lugar à tradição e, ao mesmo tempo, ao modo que a referida tradição se entrecruza com os horizontes da época

Dez dias depois do debate aberto, aconteceu a segunda reunião de Diretores de Institutos da Fepal, que novamente contou também com a participação da ILAP. Mais uma vez, o fato de que acontecesse via *Zoom* possibilitou a participação de quase a totalidade de diretores.

No geral, havia muita inquietação em torno às regulamentações que estabeleceria a Associação Psicanalítica Internacional.

Todos sabíamos que um grupo da API chamado Psicanálise em Tempos Contemporâneos estava desenvolvendo uma pesquisa que serviria de base aos membros do conselho das diferentes regiões, na decisão que se tomaria ao respeito.

Para nós, como para muitos latino-americanos, tem sido imperativa a relevância que tem sido dada ao trabalho desenvolvido dentro da Fepal, e temos enfatizado que este trabalho se tome em conta nas considerações que se determinem a respeito de como continuar, o que foi precisamente um tema importante no debate aberto.

Nessas considerações está em jogo nossa tripla filiação. Alguns colegas esperavam ver "o que diz a API", mas enfatizamos que todos somos a API, e desse lugar nos pronunciamos. Somos membros latino-americanos da API, membros da Fepal e membros das nossas sociedades às quais pertencemos. Essa tripla filiação tem muitas implicações. Não somente se trata de ser psicanalista, mas do que para cada um representa ser psicanalista da Associação Psicanalítica Internacional e o modo singular no qual nos inscrevemos nessa filiação ou em qualquer outra das que fazemos parte.

Nosso triplo pertencimento institucional

Nossa tripla identidade implica aquela das instituições nas quais nos formamos e formamos a outros. Nossa sociedade de pertencimento, a da Federação Latino-Americana da Psicanálise e da Associação Psicanalítica Internacional. Ser parte da API, ser parte da Fepal e ser parte da sociedade de pertencimento articula-se em uma identidade institucional em que as diferenças tornam complexa a unidade, e de fato podem enriquecê-la.

Polifonia de vozes latino-americanas

Depois do Debate Aberto, na II Reunião de Diretores de Institutos da América Latina, trabalhamos sobre perspectivas, posicionamentos e propostas de acordo com a experiência nos diversos institutos no período em que o presencial foi retomado.

Muitos institutos da América Latina estiveram debatendo internamente com relação às diretrizes a seguir.

Sabíamos do importante trabalho que esteve desenvolvendo o grupo de trabalho da IPA em dois períodos. O primeiro, Análise Remoto na Formação Psicanalítica (TFI) e o segundo, Psicanálise em Tempos Contemporâneos (T2), e definitivamente em todos os institutos é comum a preocupação da IPA por sustentar a qualidade da formação psicanalítica.

Durante três anos foi confiado aos analistas didatas e aos institutos o discernimento sobre o modo de trabalhar com respeito ao uso de dispositivos tecnológicos e, acima de tudo, as decisões em torno à direção da cura. Não é essa confiança elemento implícito em analistas que exercem a função didática?

No entanto, no entrecruzamento da clínica psicanalítica com a política institucional, a questão de estabelecer alguns acordos mínimos foi parte de um processo de pesquisa, diálogo e busca de consensos internacionais sobre um tema que nos afeta a todos.

Nisso foi importante iniciar da experiência de nossa região e dar lugar ao trabalho destes quatro anos dentro e entre nossos institutos. Trabalho este do qual têm participado colegas e analistas em formação de toda a América Latina e que pode aportar muito aos debates com outras regiões da IPA.

Considerando isso e com o antecedente do debate aberto acontecido apenas 10 dias antes da II Reunião On-line de Diretores de Instituto, além das outras atividades que como comissão desenvolvemos, surgiu a proposta de um Posicionamento Latino-americano com relação ao trabalho remoto na formação psicanalítica.

Em um primeiro momento, a ideia de um posicionamento parecia impossível, dadas as diferenças tão importantes entre institutos. Mas a proposta foi exatamente essa: um posicionamento latino-americano implica enfatizar o respeito às diferenças, acima de qualquer ideia de padronização.

Tomando em conta o importante trabalho desenvolvido por diretores de instituto e comissões de ensino dos institutos latino-americanos, a proposta do Posicionamento Latino-americano apresenta uma margem de autonomia para que dentro de cada instituto possam ser estabelecidos os critérios para o uso do trabalho remoto em cada eixo do tripé.

Resulta importante reconhecer o enorme e difícil trabalho que é desenvolvido na Associação Psicanalítica Internacional para articular em algum ponto as diferenças tão grandes entre institutos do mundo todo na possibilidade de estabelecer diretrizes, por mínimas que sejam.

Controvérsia difícil de contornar

O grupo da IPA Psicanálise em Tempos Contemporâneos, apresentou seu relatório de filiação da API em 18 de dezembro de 2023.

Depois de um importante trabalho de pesquisa com institutos do mundo todo, de debater e buscar fundamentações, finalmente chegaram à proposta, para a análise didática, de uma porcentagem de 25% como mínimo presencial nos casos em que for necessária alguma combinação entre análise presencial e remota.

Após a difusão do relatório desse grupo de trabalho da IPA, bem como o convite que foi feito aos membros para debater, foi claro que as diferenças a respeito são enormes e ferventes.

Foi palpável a preocupação de todos para não se perder a dimensão de qualidade dos processos analíticos, que não podem ser garantidos de modo quantitativo; mas na articulação da clínica psicanalítica com a política institucional, as diferenças tornam muito difícil o acordo.

Ao fazer parte de uma instituição, os acordos são necessários, portanto, é fundamental continuar trabalhando para combinar o modo de adequar as recomendações às realidades e possibilidades dos institutos da América Latina. Isso com a confiança de quem em todos se trabalha para oferecer as melhores condições para a formação psicanalítica.

As considerações sobre Autonomia, Democratização e Exogamia, que fazem parte da proposta de Posicionamento Latino-americano, foram discutidas no XXII Encontro Aberto de Institutos, que aconteceu em 2023.

Que implicações têm esses aspectos na transmissão da psicanálise?

Ficará mais claro em outro capítulo.

Por enquanto, é importante considerar que o futuro da psicanálise e sua transmissão, e também o futuro de nossas instituições está sendo construído por todos e todas, protagonistas desta travessia que geração após geração continuará nos questionando com as transformações de época. De nós depende contribuir com a vigência e o anacronismo, permanentemente em tensão como tudo o que se movimenta entre a tradiçao e a passagem ao novo.

Além do que foi mencionado anteriormente, existem outras considerações fundamentais no movimento psicanalítico na América Latina atualmente. Desde a Comissão, abordamos esses aspectos, levando em conta os efeitos da colonização, que deixaram uma marca profunda em diversos aspectos da vida social e cultural da nossa região. Uma das consequências mais graves é o racismo.

A colonização trouxe processos de dominação, exploração e opressão que impactaram na configuração das estruturas sociais dos povos latino-americanos. Daí a importância de reconhecer o racismo estrutural como uma das mais graves situações que atentam contra os direitos humanos. A marginalização e a situação que vivenciam diversos grupos étnicos são um fator relevante que não pode ficar de lado.

Por isso se fala de uma psicanálise implicada.

A intersecção entre a psicanálise e os direitos humanos é um tema de grande complexidade que está sendo abordado, cada vez mais, em atividades científicas. Tudo isso faz parte da especificidade do movimento psicanalítico em nossa região. Contexto em que se desenvolve a prática clínica e o trabalho psicanalítico também no tocante aos desconfortos da cultura atual. Como contribui a formação psicanalítica com a compreensão e o trabalho diante desses desconfortos? Até que ponto é fomentado, nos nossos institutos, o diálogo entre a psicanálise e outras disciplinas no enriquecimento mútuo que ampliam o panorama?

Estamos comprometidos com a ideia de que psicanálise, suas instituições e seus membros, devem estar abertos a mudanças no campo sociocultural e reconhecer a incidência dos contextos em que nossa prática é desenvolvida. Enfatizar o valor de um enfoque democrático e inclusivo implica envolver todo o corpo psicanalítico em reflexões, debates e ações que abordem os problemas sociais com relação aos quais resulta necessário estarmos envolvidos.

Em termos gerais, a visão eurocentrista havia levado a uma subestimação da riqueza e relevância das perspectivas latino-americanas no campo da psicanálise. No entanto, por intermédio de experiência e contextos culturais próprios, os autores latino-americanos geraram teorias e enfoques únicos.

E isso cada vez vai ganhando ressonância no âmbito de outras regiões. Cabe destacar nesse percurso a sintonia com o espírito da

Calibán, Revista *Latinoamericana de Psicanálise* que difunde contribuições de colegas latino-americanos. Que lugar têm os autores de nossa região na bibliografia de seminários dentro dos institutos?

As contribuições teóricas de autores latino-americanos costumam ter enorme profundidade clínica, e muitos estão bem atentos às realidades socioculturais e políticas da região, dando lugar a temas, como o colonialismo, a mestiçagem, a marginalização e a resistência de uma maneira mais direta e contextualizada. Essas perspectivas oferecem novas formas de entender a subjetividade, a identidade e a experiência humana na América Latina.

Nesse sentido e, a partir do exposto, tem-se direcionado o esforço dessa comissão.

2. Supervisão didática – supervisão a distância: E agora o quê?

Cecilia Lauriña

A Instituição Psicanalítica que habitamos e nos habita, à qual pertencemos e nos pertence, na qual encontramos o necessário vínculo social, é fundamentalmente de formação de novos analistas. A transmissão está no coração da formação psicanalítica, pelo que é imprescindível refletir sobre a sua ética.

Neste escrito, meu objetivo é transmitir as vozes de inúmeros colegas latino-americanos que participaram de uma forma ou de outra nas atividades desenvolvidas ao longo desses anos nos sucessivos encontros realizados pela Comissão de Formação e Transmissão da Fepal.

Tomo para este capítulo o título: "E agora, o quê?". Exatamente porque assim convocamos a um debate aberto e participativo para ouvir as vozes latino-americanas sobre como dar continuidade às mudanças já ocorridas que transformaram os dispositivos da transmissão e formação psicanalítica. É nosso compromisso pensar nas vicissitudes da formação no contexto latino-americano, suas problemáticas específicas e suas possíveis articulações, atravessadas inevitavelmente pela dinâmica entre o poder e o saber. Nesses encontros, geraram-se debates muito intensos e sempre nos surpreendeu a grande quantidade de colegas presentes, reunidos pelas generosas telas, interessados em pensar de forma plural, construindo um coro de vozes. Assim, foi tecendo-se uma trama de ideias, inquietações e propostas. Por essa razão, não encontrarão citações nem nomes de autores; seria injusto e impossível, apenas me proponho transmitir as ideias que, em um vai e vem muito frutífero, foram sendo gestadas.

Sem dúvida, o pertencimento institucional e o trânsito pelo tripé, com suas variantes em cada escola, não perdeu vigência. Analisar-se, supervisionar e estudar a teoria é imprescindível no desenvolvimento como analistas.

O pertencimento institucional é imprescindível; propicia, naquele que deseja formar-se como psicanalista, o entusiasmo por um percurso intensivo que implica aberturas e transformações subjetivas. A Instituição pode funcionar por intermédio das condições que impõe como um organizador e facilitador de uma intensa travessia pelo tripé que exige tempo, esforços variados e uma implicação subjetiva substantiva, já que se trata do ser do analista que é colocado em questão. Trânsito nada fácil, tempos fervorosos, de transferências múltiplas.

Qual é o objetivo da formação psicanalítica?

O termo alemão para "formação" é *bildung*, o mesmo que se utiliza em psicanálise para designar formações de compromisso, e para a formação psicanalítica, este impossível de circunscrever, o termo que mais se aplica é *ausbildung*, uma formação com um objetivo determinado, com um fim, o de ser analista. No entanto, nesse campo semântico encontramos o termo *ausarbeitung*, que se aplicaria com mais exatidão à formação psicanalítica, já que implica um produto de elaboração; um produto como resultado da passagem por algo, o tripé de formação, no nosso caso. Passagem que não é sem obstáculos, entre as aspirações pessoais marcadas pelo ideal e o imprescindível e, ao mesmo tempo, uma composição de pertencimento institucional que, de alguma forma, regulamenta aquilo que é impossível de regulamentar, como é o desejo. A permanente reflexão sobre os diferentes posicionamentos e as possíveis e necessárias articulações no trânsito pelo tripé, assim como o questionamento do instituído, poderia ser um bom antídoto perante os inevitáveis obstáculos, já que ninguém está a salvo do que pode trazer o poder. O maior desafio seria possibilitar e promover um trânsito pela formação, mais ligado ao desejo do que ao dever.

Ora, a instituição psicanalítica pode funcionar mediante condições que impõe como um facilitador que propicia o entusiasmo por um percurso intensivo analítico, teórico e clínico. Mesmo levando em conta os aspectos mais sombrios do pertencimento institucional, que recaem tanto sobre o analista em formação quanto sobre os analistas que conduzem as transferências, a instituição se apresenta como estimulante e propiciatória de uma travessia que implica aberturas e transformações subjetivas, mas também em resolver variados obstáculos.

Então, será possível uma transmissão de saber que não se assente no poder e leve em conta a dimensão do impossível e o risco de perpetuar os saberes instituídos?

Em todos os vínculos humanos se põem em jogo relações de poder. Nas distintas posições em que os analistas exercem o poder-saber conferido pela sua função, na forma da transmissão mesma que exercem, encontramos a via de seu possível desvio. Os efeitos são muito diferentes quando se exerce desde uma posição de autoridade ou desde um autoritarismo inquestionável. É diferente quando a transmissão inclui o não saber e o desejo de propiciar a investigação e o potencial de cada novo analista, ou quando se exerce como um ensinamento dogmático, obstaculizando a aquisição de um pensamento crítico e clínico. O maior desafio na atualidade seria possibilitar e promover um trânsito pela formação mais ligado aos novos acontecimentos que movem o mundo e atravessam a clínica, dando ferramentas para uma escuta aberta aos novos paradigmas.

Quando a flexibilidade se tornou imperativa

Com o advento da pandemia Covid-19, o instituído, que parecia inquestionável e inamovível, foi abalado. Os analistas de todo o mundo, diante da desorientação e incerteza, colocaram em jogo suas responsabilidades frente a seus pacientes, supervisandos e alunos. Nossos enquadres habituais foram alterados, perturbados, à luz do que a pandemia exigiu, e o atendimento on-line se transformou na única via possível para continuar com o desenvolvimento do tripé de formação. A flexibilidade foi imperativa, as certezas e os dogmatismos foram abalados, e os analistas demonstraram sua capacidade de adaptação a um acontecimento traumático. Para alguns, funcionou como um dos mais incomuns, inesperados e traumáticos imperativos superegoicos; para outros, foi pluralizar e estender um dispositivo que já funcionava. Até mesmo os institutos mais reticentes ao atendimento on-line, em poucos meses, abriram suas portas e começaram primeiramente a testar e depois a comprovar, as vantagens da virtualidade e as amplas possibilidades do enquadre psicanalítico inauguradas por Freud nos momentos fundacionais. Assim, o dispositivo psicanalítico, com inesperadas modificações, deu respostas que contradizem os prognósticos mais pessimistas. A psicanálise esteve mais presente do que nunca, com consultas que se multiplicaram tanto no plano privado quanto no institucional, e novamente nosso querido método demonstrou sua eficácia, mesmo em condições pouco organizadas ou propícias.

Estavam nossas instituições tão firmadas no instituído que teve que acontecer uma catástrofe desse tipo para percebermos que é possível estabelecer novas coordenadas?

O instituído corre o risco de funcionar como baluarte que dá consistência e valor às instituições, não dando lugar para que as novas encruzilhadas e práticas, de acordo com o desenvolvimento cultural e social de cada época, instituam novos saberes. Talvez o temido seja essa zona de conflito irremediável que não cessa de insistir nas reuniões de analistas, que tem dado lugar tanto a cisões quanto a novas criações.

Do instituído ao instituinte

Diante das insuspeitadas circunstâncias que nos confinaram, ocorreram aberturas que desenharam um novo cenário para a formação psicanalítica. As numerosas atividades propostas pela Comissão de Formação e Transmissão da Fepal versaram, na área das Supervisões Didáticas, às quais farei referência, sobre as problemáticas próprias que fazem seu desenvolvimento e sobre a supervisão a distância.

Duas questões relevantes foram levantadas:

1. O peso das regulamentações, que favorecem ou obstaculizam seu desenvolvimento, assim como as possíveis aberturas.
2. As transformações ocorridas no dispositivo, na medida em que as supervisões foram realizadas de maneira virtual, situação testemunhada por inúmeros colegas.

Comecemos pensando na polissemia do termo supervisão, que por inércia do instituído, em nossas associações, faz referência ao encontro entre um supervisor e um supervisando que se reúnem para falar de um caso, um ausente que se faz presente pelo relato do analista em formação. Outra das formas instituídas em algumas associações é a supervisão grupal obrigatória. Então, quantas formas existem de abordar, pensar, investigar a clínica? Quantas formas conhecemos de supervisionar? Quais são as formas de apresentar e abordar o material? Qual é o objetivo de uma supervisão?

Ao pensar se o instituído há já um século poderia ser ampliado ou modificado, é necessário considerar a diversidade de práticas que foram sendo geradas, como os *Working Parties*, supervisões grupais, bipessoais, apresentações em ateneus ou congressos, limitadas e prolongadas, virtuais, presenciais, que apenas representam alguns exemplos de formas de pensar a clínica.

Nesse ponto, cabe questionar se o processo realizado tanto desde o lugar de supervisando quanto de supervisor, tem como meta privilegiada o cumprimento da regra institucional, o que burocratiza o processo, afastando-o da psicanálise, ou se o que comanda a direção da supervisão é fazer dessa análise um processo o mais analítico possível. Outra questão bem relevante é se a supervisão se ocupa de forma preponderante do paciente ou da posição do analista na direção da cura. Questões do poder e do saber-fazer que se dirimem na clínica da supervisão.

Responderia melhor aos fins da formação analítica estabelecer parâmetros mais amplos que deem lugar à singularidade de caso a caso, próprio de nossa disciplina?

Supervisionar variados casos que conformam a clínica de um analista em formação não permitiria revelar mais facilmente seus obstáculos na escuta, os pontos cegos freudianos?

É necessário que nos questionemos o que, dos instituídos expressos nos regulamentos, se sustenta como verdadeira necessidade formativa do analista e o que se sustenta por necessidade da instituição ou de seus membros. O marco legal é necessário porque organiza, mas lembremos que não só organiza, também dá ordens, às vezes de difícil cumprimento. O questionamento permanente da instituição e dos instituídos possibilita não ficarmos defendendo baluartes que às vezes pouco se relacionam com as necessidades atuais.

Retomemos a consideração da polissemia do termo supervisão e do termo controle, que sempre resultaram controversos e pouco apropriados para a prática que nomeiam.

A permanência do termo supervisão, que é o mais difundido em sua inércia, nos indica que há algo a questionar sobre esse instituído. É surpreendente que não tenha sido modificado sua denominação, talvez porque ao simplesmente pronunciá-lo se estabelece um acordo de fato que nos faz parecer desnecessário qualquer pedido de esclarecimento. No entanto, chama-se supervisão as práticas que são muito diferentes entre si, que às vezes o único que têm em comum são os aspectos regulamentares.

Supervisão mostra a falha em utilizar o prefixo "super" que acrescenta à palavra que qualifica o sentido de "por cima", expressando a característica de que se trata em seu grau máximo, e "visão" também não seria adequado para referir-se a uma prática que fundamentalmente tem a ver com a escuta. Aproveitemos para esclarecer então que esse dispositivo chamado supervisão psicanalítica deve ser redefinido nas particularidades de sua prática, definir de que assimetria se trata, de que tipo de escuta, e qual seria a função do supervisor. Questões que iremos abordando de diferentes perspectivas.

A análise de controle não tem melhor destino, já que inclui o superegoico "controle", qualificativo pouco apropriado para uma prática que se propõe colher as ressonâncias de uma cena, a da análise, da qual o supervisor está alheio. O que deveria ser controlado?

Talvez esses debates e questionamentos permitam em algum momento encontrar um significante que nomeie de maneira mais justa uma prática certamente imprescindível para a formação analítica e que dê conta de sua dimensão de escuta, de uma escuta diferente e privilegiada na qual está em jogo a transmissão em uma potência que coloca em jogo inconsciente, transferência, saber, poder, saber-fazer.

Consideremos agora as "supervisões didáticas". A princípio, são supervisões institucionalizadas sobre as quais recai o peso da regulamentação e um inquietante jogo de laços transferenciais e societários. Vamos por partes: ser um requisito institucional implica, desde o início, um certo viés regulamentador que pode incidir tanto para o bem quanto para o mal, no desejo e na própria transmissão.

A exigência regulamentar difere minimamente nas diferentes associações da IPA, e o que não muda e recai sobre o dispositivo de supervisão, quase como uma regra fundamental, é a frequência da análise que se supervisiona, a quantidade de horas a supervisionar, a continuidade no tempo e o requisito de relatar o que ocorreu durante a análise. Requisitos que enquadram mais quantitativamente do que qualitativamente uma prática que em si não possui uma regra fundamental. Que seja de forma contínua favorece a possibilidade de derrubar resistências de um e de outro participante da experiência, assim como a necessidade de relatar o que ocorreu, dá lugar ao desdobramento da riqueza na investigação da clínica e sua escrita. No entanto, entre os muitos fatores a serem considerados, é importante observar uma diferença bem significativa na possibilidade ou não de que esta ocorra em transferência, o que é inerente ao psicanalítico e, por isso mesmo, de se esperar. Voltaremos a esse ponto tão importante mais adiante.

Vamos à adjetivação do termo: "didática". O termo didático é um oxímoro, já que nesta experiência não há nada para ensinar; trata-se mais de que o supervisando possa atravessar a experiência do inconsciente, que não pode ser ensinada. Esse é o paradoxo do "didático"; o dispositivo analítico é estruturalmente alheio a qualquer intenção educativa. No entanto, é de se esperar que tal experiência do inconsciente possa ser registrada pelo supervisando em seu trabalho em transferência com seu paciente.

Não podemos ignorar a distinção entre aquelas práticas de supervisão que surgem do cumprimento do dever e aquelas que respondem a uma demanda do supervisando. A supervisão didática se coloca na primeira categoria, é obrigatória, mas não por isso desvalorizada, já que é necessário reconhecer até que ponto a obrigatoriedade empurra para uma prática que pode, em um segundo momento, ser reconhecida como produtiva, eficaz e, portanto, desejada. Muitos analistas não conhecem sua imprescindível eficácia até serem empurrados a vencer suas resistências com uma medida regulamentar.

Do lado dos supervisores, a função didata é a que habilita a ser supervisor ou analista didata. Mas o que implica essa habilitação além dos requisitos regulamentares? Quais seriam as condições subjetivas e de formação de um supervisor que lhe permitiriam realizar uma adequada transmissão da clínica psicanalítica?

Esse é um tema que gerou controvérsias e, seguramente, continuará a gerar, já que a habilitação é um tema caro à psicanálise, que tem causado difíceis problemas aos institutos de formação da IPA. Na América Latina, conhecemos algumas associações nas quais o tema entrou fortemente em debate e foi modificado após muitas discussões tensas. Encontramos diferentes modos de transmissão e habilitação, não apenas para os analistas em formação, mas também para as funções de supervisor, analista e professor de seminários.

Depois de trinta anos de controvérsias, com avanços e retrocessos, na Sociedade Brasileira de Psicanálise do Rio de Janeiro (SBPRJ) a categoria de analista didata foi abolida em 2015. Desde então, qualquer membro efetivo de uma sociedade afiliada à IPA pode conduzir as análises de formação. Os analistas em formação são incluídos em grupos de acompanhamento. Os supervisores e coordenadores de seminários devem se qualificar por meio de apresentações e participação em seminários ministrados por colegas já qualificados para o exercício dessas funções do instituto.

Da mesma forma, na Associação Psicanalítica do Uruguai (APU), em 1974, foi realizada a reforma que deu origem ao Modelo Uruguaio, reconhecido como um dos três modelos que imperam na IPA. Naquela época, desapareceu a categoria de didata que concentrava em um mesmo membro todas as funções didáticas. Essas funções são assumidas por grupos de funções que investigam os problemas teóricos e entendem os requisitos práticos e organizativos inerentes à sua área específica. Não se trata mais de uma categoria que um membro pode adquirir, mas de uma função que pode exercer em interlocução com outros colegas que compartilham a realização dessa tarefa.

Outra experiência a ser considerada é a categoria de "didata provisório", que funciona há alguns anos na APA e APC. Essa categoria habilita um analista que ainda não alcançou a habilitação para a função didata a continuar com a análise (em curso) de um analista em formação que ingressa na instituição, respeitando assim a transferência prévia. Durante três anos, o membro tem a possibilidade de cumprir os requisitos para assumir a função didata definitiva.

Esses são apenas alguns exemplos de quão difícil, mas não impossível, é realizar uma mudança estatutária nas instituições. Também mostram o desejo de muitos de fugir da burocratização e concentração do poder em poucos e avançar para uma transmissão do saber-poder mais plural e democrática.

Apresentemos o dilema entre obrigatoriedade e necessidade, assim como um segundo dilema entre o cumprimento das regras e o papel facilitador que elas podem exercer, para não cair em respostas rápidas que podem favorecer soluções preconceituosas.

Avancemos nos matizes e particularidades do dispositivo nos diferentes cenários em que transcorre.

De que poder se trata?

Se afirmamos que a supervisão é uma prática que transcorre em transferência, a *assimetria* estará presente com tudo o que contribui em sua possibilidade criativa, assim como na disposição à idealização e submissão ao supervisor. A assimetria é estrutural, está presente desde o começo da vida, na necessidade do auxílio alheio que dá lugar à vida, e daí estará presente em todas as nossas relações. É preciso revisar o próprio conceito de assimetria. Há assimetrias de leituras, de saberes, de experiências, de tempos. E são bem-vindas desde que impliquem uma transmissão na qual essas assimetrias não resultem em abusos de poder. A proposta é que da assimetria própria do dispositivo, possa surgir um analista. Nessa assimetria transferencial, é responsabilidade daqueles que conduzem a transferência revisar suas posições enunciativas. A própria transferência, condição de possibilidade, pode dar lugar a assimetrias que obstaculizam o trânsito pela formação de modo a propiciar transferências idealizadas que impedem o chegar a ocupar uma posição analítica mais autorizada ao analista em formação. Se o supervisor impõe seu modo de analisar, sua linha teórica ou, pior ainda, a interpretação correta, colonizará o pensamento em vez de favorecer um estilo próprio no analista em formação.

Desse ponto de vista, não se trata então de evitar a assimetria, tarefa impossível, mas de questionar desde que posição se ministra o saber e, fundamentalmente, de que saber se trata. Nos frequentes e muitas vezes intensos debates sobre como se forma um analista, o foco está mais nos candidatos do que nas posições daqueles que são chamados a manejar a transferência e que, com uma atitude pouco clara, mais enigmática, não mostram como chegaram ao seu saber-fazer. É preciso levar em conta que os supervisores, por estarem situados na transferência de busca do saber, ocupam uma posição agalmática que favorece idealizações e submissões.

Alguns supervisores, tornando-se verdadeiras instituições dentro das próprias instituições, requerem uniformidade, estabelecendo modelos únicos e inquestionáveis, posicionando-se como mestres que impõem seu saber ao seu cativo aluno, deixando-o irremediavelmente em uma posição regressiva, passiva, infantilizada. Contrastam com aqueles que dão lugar à diversidade de teorias e modelos alternativos, que incluem a possibilidade de transformação e aquisição de um pensamento crítico e clínico, como paradigma da nossa época. Também é necessário considerar que, mesmo quando o supervisor faz uma transmissão adequada do saber, com abstinência do poder que suscita, se sua figura está idealizada, se a paixão imaginária é excessiva, o analista em formação lhe atribuirá poderes quase mágicos. Diante da incerteza e da falta de garantias que a clínica nos impõe, o desejo de ter um mestre inquestionável pode constituir-se o maior obstáculo na formação de um analista.

A pergunta continua vigente: qual é a forma de transmissão adequada à ética psicanalítica, para que cada um vá construindo seu ser psicanalista, em um processo que dê lugar à singularidade, aos desejos, ideais e inquietações daqueles que transitam sua formação e na qual possam ser minimizados os inevitáveis processos de psicologia de massas? Podemos reconhecer esse desamparo como constitutivo da posição do analista, com os riscos aos quais estamos expostos no esforço de "resolver" essa angustiante e, às vezes insuportável, vacilação que a clínica nos impõe.

No dispositivo de supervisão, encontramos em um polo aqueles que rejeitam entrar em sua cena, com horror de receber a ajuda que um outro experiente pode oferecer, ficando fixados a um saber certo e dogmático, sem reconhecer um além. No outro polo, a busca do saber costuma se tornar, por transferência idealizada, na busca de um amparo que implica submissão e subordinação aos ensinamentos do supervisor.

A instituição, com suas regulamentações, tenta dar algum marco a essas difíceis encruzilhadas. Como propiciar um trânsito pela formação que estimule a transferência ao trabalho, à investigação, criatividade e ao desejo de crescimento e exogamia?

É necessário investigar, inventar, criar diversas formas de pensar um material clínico que leve em conta a singularidade em cada "caso" e que propicie a atualização do inconsciente como ferramenta da prática, como Freud menciona em Conselhos ao Médico.

Cada época precisa revisar seus modelos. Cabe perguntar-se então: que outros modelos alternativos poderiam se somar às supervisões estabelecidas desde sua institucionalização?

Aqui poderia ser colocada a questão do desejo de supervisionar, por parte do analista em formação, e do desejo de supervisão por aquele que exerce tal função como posicionamentos que implicam questões que devem estar em permanente revisão, não podendo ser pensadas de forma definitiva.

O desejo de supervisionar implica, desde o início, vencer resistências na forma do reconhecimento da necessidade de um outro, o reconhecimento da incerteza e a sujeição da subjetividade do analista. Falar da prática com outro analista é uma oportunidade de ir subjetivando obstáculos e tropeços, revelando pontos cegos, para ir ao desvelamento do desejo de analista. É a possibilidade de ir desenhando um saber-fazer.

O desejo do supervisor se sustenta no fantasma individual de cada um, que, como posição ética, deveria ser subjetivado. Varia de acordo com sua posição na instituição de pertencimento, se sua posição é de garantidor da norma institucional ou se sua função está orientada a promover o discurso analítico. Como representante de um saber suposto, é de se esperar o questionamento de seu próprio saber, estando ciente do risco de que sua posição possa, via transferência, perpetuar assimetrias infantilizantes. É de se esperar que no exercício de sua função de supervisor, o poder que lhe confere o saber possa dar lugar a transmitir ao supervisionando que o poder se aloja na palavra, na palavra em transferência que implica a experiência do inconsciente. Posição abstinente do supervisor que propicia que o analista encontre sua forma de dizer, sua forma de intervir, sua forma de ser analista. Posição assimétrica que implica a responsabilidade de dar lugar a uma habilitação esperada na forma de adquirir uma voz própria por parte do supervisionando.

Poderia ser colocada a dissimetria, que não é simetria nem assimetria, mas dar lugar à estrangeiridade de um olhar habilitador em direção à voz do analista em formação, que vai de mãos dadas com o estilo. Dissimetrias implicam olhar a questão e orientar a escuta para um lugar que inclui os tropeços e problemáticas da formação, dando lugar ao radicalmente diferente, acolhendo a diferença.

É preciso pensar como fomos permeados por diferentes autores, há uma herança que não devemos esquecer, que precisa ser questionada e convertida em legado para ser elaborada. É a linha teórica que veio com os imigrantes europeus para a América, que gestaram a psicologia do eu, que propugnava a identificação com os aspectos saudáveis do eu do analista ou supervisor. É necessário interpelar essa questão, porque essa posição confere poder, que o analista se instale em uma posição na qual ele sustenta uma zona livre de conflito com a qual o analista em formação tenha que se identificar. É uma posição que implica idealização, submissão, e censura àquilo que é diferente e criativo que o analista em formação possa apresentar.

E de que conhecimento se trata?

A pergunta que persiste é como transmitir o conhecimento que é demandado ao supervisor.

Embora o supervisor decida as coordenadas do enquadre e suporta a transferência, às vezes idealizada, que lhe confere poder, sua posição ética é ir permitindo que essa transferência idealizada derive em um trabalho de questionamento e investigação sobre a clínica por parte de seu supervisionado. O supervisor acompanha oferecendo confiança na escuta para que o supervisionando vá criando as diferentes vozes com as quais irá interpretar a singularidade de cada caso. Não há um conhecimento certo, a posição de ignorância douta é disposição ao saber para ir acompanhando o supervisionado no encontro com o contingente e solitário de sua prática.

Com analistas novatos, no início de uma prática, o supervisionado pode precisar de orientações mais precisas. Mais adiante, sublinhar ou repetir uma palavra ou frase pode desbloquear a escuta. Com pacientes graves, o panorama costuma exigir uma posição mais ativa e até ordem do supervisor. Fina linha entre a responsabilidade que cabe ao supervisor e dar lugar ao processo que o analista em formação tem de realizar para alcançar certa autonomia na direção da cura. A possibilidade de que essa linha seja ultrapassada é sempre uma ameaça. De um lado, encontraremos motivos para abusos de poder por parte do supervisor, ao transmitir um saber incontestável; no sentido oposto, encontraremos uma atitude benevolente que não facilita a formação do analista.

Portanto, o questionamento sobre sua posição como supervisor, como dirige e conduz a demanda de saber e como transmite uma posição analítica adequada ao seu supervisionando, é uma preocupação coerente com a função.

Um dos grandes temas que é necessário e esperado que sejam revelados na supervisão são os diversos posicionamentos na clínica que não favorecem uma ética psicanalítica adequada: analistas apáticos, aqueles que demandam amor de seus pacientes, os que não se sentem habilitados para cobrar os honorários, os que precisam ser reconhecidos por seus pacientes ou não suportam a transferência negativa, os que, com ideais benéficos, pretendem dirigir a vida de seus analisados ou os que são tomados por um furor *curandis*. É aí que se encontra a articulação entre análise e supervisão no trabalho com a subjetividade do analista, a possibilidade de revelar seus pontos cegos e as identificações alienantes que operam como o maior obstáculo na escuta.

Agora, um tema substancial é como se transmite o saber. Aqui encontramos outro jogo de poderes, entre um mestre, supervisor, analista que possui o saber e um analista em formação que deve aprendê-lo. Essas assimetrias, via transferências, imperam em muitos dispositivos, tanto em seminários, supervisões e até em análises, situações em que não há lugar para o encontro com o novo ou criativo. O que deveria transmitir aquele que conduz a transferência? Que lugar para a ignorância douta, a investigação, o não saber que possibilita a busca?

Estanislao Zuleta, pedagogo colombiano, diz que o pensamento funciona com três categorias: capacidade de admiração, idealização, trabalho e assimilação de conhecimentos e regras; depois a capacidade de oposição, crítica e rebelião; e outra, a mais importante para nós, é quando esses conhecimentos dão lugar a gerar novos conhecimentos, quando dão lugar à capacidade de criação. Os processos formativos costumam parar na segunda, não dando lugar ao desenvolvimento de uma voz própria. Se o supervisor, em nosso caso, deseja reiterar e reproduzir seu pensamento no supervisionado, não há lugar para que o analista em formação adquira um posicionamento ético e clínico. É necessário um espaço de ignorância no saber do supervisor, que estimule o questionamento, a investigação e dê lugar para que o analista em formação vá adquirindo confiança em sua própria escuta e palavra.

Lei simbólica ou lei superegoica?

Outra questão que diz respeito à abordagem de obstáculos e possíveis aberturas é a consideração sobre o peso da regulamentação nas supervisões didáticas. Existem obstáculos que comprometem a própria possibilidade de realizá-las e que registramos, com algumas variações, em todas as sociedades. Se desejamos fazer uma leitura psicanalítica dos obstáculos na transmissão no seio da formação, é necessário pensar o efeito das regulações regulamentares no trânsito individual dos analistas em formação. É imperativo submeter à investigação o instituído, para dar lugar a que os novos acontecimentos que movem o mundo e atravessam a clínica possibilitem práticas acordes aos movimentos culturais e sociais de cada época, instituindo novos saberes.

Em relação às *supervisões didáticas*, surgiram temas de debate que acrescentam novos matizes aos obstáculos que conhecemos há décadas. Lembremos que a supervisão didática implica, com mínimas variações: de duas supervisões de oitenta horas cada uma, de um paciente com uma frequência de três a cinco vezes semanais e de um relatório escrito ao final de cada ano. O maior obstáculo que persiste em toda a América Latina, presente há muitos anos, é "conseguir" esse paciente privilegiado, que realize as, pelo menos, três sessões semanais e que perdure por dois anos.

Agora, mesmo quando esse paciente privilegiado que responde à demanda da instituição se deita no divã do analista para cumprir a alta frequência e permanece em análise, costuma ser subvencionado pelo analista, cobrando honorários mínimos para manter esta análise, que pela própria inversão da demanda, acaba resultando muito pouco analítico, em contraste com os altos honorários que geralmente os analistas em formação pagam para cumprir os requisitos da formação.

Então, para o analista em formação, o trânsito por essa supervisão estará a serviço de um cumprimento burocrático, submisso às regras da instituição, sem poder explorar e investigar as complexas vicissitudes das análises que conduz. A alta frequência estabelecida a priori e a permanência dele durante dois anos como requisito no analisante, não garantem de modo algum a eficácia do processo, e menos ainda a possibilidade de que o analista em formação trabalhe sua subjetividade em relação à sua posição como analista. Poderíamos dizer que, quando a regulamentação institui o enquadre, restam poucas possibilidades do necessário manejo das coordenadas da cura, sempre singulares, por parte do analista. O analista em formação fica formatado, recebendo do supervisor intervenções taxativas que, utilizando o discurso universitário em um funcionamento mais ligado ao ensino, não dão lugar à transmissão psicanalítica. Quanto mais burocrática se torna uma supervisão, menos chances da imprescindível afinação do inconsciente como ferramenta da prática. A formação é permanente e nenhum analista está a salvo de ocupar posições que, desde o autoritarismo ou a caridade, não favorecem que no longo processo de formação os candidatos adquiram uma posição analítica. Agora, mesmo contando com analistas experientes que desejam fazer uma verdadeira transmissão da psicanálise, é necessário considerar como o sistema de formação institucional, assim como propicia e enriquece o candidato, também pode chegar a ser sentido como um bloqueio, no qual o cumprimento do dever impõe restrições ao pensamento, à investigação e à criatividade. No entanto, talvez por medo, o cumprimento do dever funciona como uma possível condição que asseguraria o pertencimento, a aceitação e valorização pela comunidade analítica, sacrificando tudo o que é bom e criativo que uma supervisão pode proporcionar. Extremando os termos, como tanto ouvimos, poderíamos dizer que a liberdade de movimento do candidato em formação está limitada, e não apenas pela regulamentação, mas pela posição subjetiva de cada um; por essa razão, a articulação das diferentes posições do tripé deve se apoiar no divã.

Agora, surge a pergunta sobre quem está autorizado a falar de supervisão:

- Quem poderia levantar objeções ao instituído?
- Quem poderia propor e promover transformações no dispositivo?

Talvez nesse ponto registramos a maior assimetria, já que os analistas em formação tendem a transitar a supervisão passivamente, acomodam-se aos desconfortos em uma posição submissa e não se sentem autorizados a questionar seus dilemas.

Nas reuniões frutíferas em que os analistas em formação foram convidados a expor suas dificuldades no trânsito pela formação, expressaram sua preocupação pelo medo e pela perseguição que vivem em muitas das sociedades psicanalíticas, nas quais são convidados a se calar, e o lema seria: "disso não se fala", referindo-se às situações de abusos de poder que incitam a submissão e a obediência. Alguns se atrevem e compartilham suas vozes nas reuniões de intercâmbio, mas muitos, a maioria, ficam encurralados pelo temor.

Manter uma posição ética de reconhecimento e respeito à lei é, sem dúvida, uma conquista cultural esperada de um analista. No entanto, é necessário diferenciar a lei simbólica, que ordena e regulamenta as trocas e intercâmbios, a lei que regula o desejo mediado sempre por um terceiro termo, o Outro, que em nosso caso, dá lugar à palavra e às transformações possíveis, da lei superegoica, imperativa e insensata, incontestável, que pede obediência cega. A instituição psicanalítica e os que em sua representação conduzem as transferências podem operar e "ordenar" em um sentido ou outro, facilitando uma transmissão que subjetive a posição do analista ou aquela que favorece a identificação, como antes mencionamos.

O paradoxo com a qual nos confrontamos inevitavelmente é entre esse Outro singular, motor do desejo de cada um, e o peso do Outro institucional, que tenta regular os intercâmbios. Entre o singular e o universal, entre o privado e o público. Essas ideias, amplamente discutidas, deixaram um grande questionamento: será que o questionamento em um clima de liberdade propiciará as transformações que são vistas como necessárias há décadas? Ou a inércia institucional o confinará a meras palavras livremente expressadas, que não passam do dizer para o fazer?

As posições dogmáticas que se apresentam na prática da supervisão não permitem que o terceiro em questão seja o inconsciente, como seria esperado, mas sim a instituição e suas regulamentações.

Moustapha Safouan afirma que Supervisor e Supervisionado são dois leitores do mesmo livro, o Inconsciente. Às vezes, a "leitura" desse terceiro em questão, que é a causa inconsciente, conforme afirmado também por Jaime Spilka, é distorcida em função do peso da instituição. Assim como a paixão por fazer o bem é um desvio na função analítica, outro desvio pode ser exigir um cumprimento cego.

Endogamia ou escolha via transferência?

Outra questão igualmente urgente é a escolha do supervisor.

Em sociedades muito pequenas, com poucos membros, a possibilidade de escolha via transferência é extremamente limitada, domina a endogamia com efeitos antipsicanalíticos bem conhecidos por todos.

No XXI Encontro de Institutos de 2021, ouvimos depoimentos de analistas em formação que relataram a impossibilidade de escolher o supervisor quando a sociedade não possui supervisores "disponíveis". Nessas situações, corre-se o risco de realizar supervisões durante dois anos com um supervisor com o qual não se estabeleceu uma transferência; trata-se mais de uma posição de submissão à oferta "disponível", situação que, ao invés de favorecer os objetivos da supervisão, provoca desânimo, desinteresse e o desejo de finalização apenas para cumprir o requisito da formação.

Situações endogâmicas são mais frequentes do que o desejável e não se limitam apenas às sociedades com poucos membros, já que a tentação endogâmica está sempre presente e resulta em uma posição de poder. Dessa forma, favorece-se a alienação, alterando e impossibilitando uma escolha transferencial que poderia permitir uma separação habilitadora do papel de analista.

Certamente, a regulamentação é necessária em uma instituição que forma analistas, mas é importante reconhecer que ela difere da exigência ética da psicanálise, confrontando-nos com dilemas e encruzilhadas. Quando o cumprimento da exigência regulamentar prevalece sobre a ética psicanalítica, o resultado é a indesejável burocratização.

Por acaso não esperamos que o trânsito pela formação propicie ao analista a apropriação de um novo saber?

A questão crucial é pensar no que pode ser transformado no dispositivo de supervisão didática, sem preconceitos, e a partir de um critério que leve em consideração a realidade das associações e dos consultórios, não apenas adaptando-se à realidade, mas fornecendo as ferramentas e permitindo a eficácia psicanalítica.

Vamos avançar para o segundo ponto:

O que aconteceu no cenário das supervisões didáticas a distância?

A pandemia mostrou que o tripé remoto é possível e eficaz, com características próprias variáveis, assim como as formas presenciais. Essa situação inesperada que colocou em xeque nossos confortáveis, conhecidos e inquestionáveis enquadramentos, também evidenciou que o padrão considerado único para a prática psicanalítica não era realmente o único. A exceção à regra mostrou que não é a regra que garante ou estabelece a psicanálise.

Temos experiências prévias de épocas remotas que confirmam isso, como a supervisão epistolar que Freud e Edoardo Weiss mantiveram por vinte e oito anos, ou as supervisões realizadas por Melanie Klein para analistas latino-americanos, por intermédio de terceiros. Temos também precursores mais recentes, tanto em termos de tempo quanto na América Latina. Na América Latina, também temos experiências precursoras das mudanças que estamos atravessando, que têm permitido e promovido a formação de analistas em lugares onde não existem associações psicanalíticas.

O Instituto Latino-Americano de Psicanálise (ILAP) é um instituto sem sede que reúne e forma analistas de países onde ainda não existem sociedades filiadas à IPA. A forma predominante de transmissão é virtual há dezessete anos. A liberdade de escolha e a exogamia são possíveis no caso do ILAP, não por causa da pandemia, mas devido a uma necessidade incontornável: a falta de um local onde o presencial pudesse ocorrer. Essa experiência, com tantos anos de desenvolvimento, é um precursor importante a ser considerado para a mudança que a pandemia propiciou em todo o mundo.

No entanto, essas novas aberturas que enriquecem todos os seus membros também afetam a dinâmica das próprias instituições, que nem sempre estão dispostas a favorecer a exogamia em detrimento de "lealdades" empobrecedoras. Lealdades que impedem o desenvolvimento de cada analista.

Apenas o método tradicional é eficaz, o encontro presencial entre supervisor e supervisionado? Essas questões nos levam a considerar novas encruzilhadas que todos enfrentamos, questões relevantes e reveladoras. Soma e subtração, perdas e ganhos de um novo dispositivo que institui novas possibilidades. Novos enquadres, novas aberturas.

Como mencionamos antes, há quatro anos as supervisões estão sendo realizadas via on-line. Desde então, na Fepal, foram realizadas pesquisas e debates intensos sobre os efeitos das mudanças ocorridas no teleatendimento, como é chamado a partir de agora, as supervisões à distância e os seminários on-line. Aberturas e questões de debate que se somam e acrescentam novos matizes aos obstáculos que conhecemos há décadas.

No contexto atual, surge outra questão que está em debate hoje: se pode ser instituída e continuar a realização on-line como tem sido feito desde 2020 e se pode ser feito com analistas de outras associações, como já está ocorrendo em algumas associações da IPA e da Fepal. A abertura para um número maior de supervisores de diferentes sociedades, linhas teóricas e modalidades de trabalho é inerente à única escolha que é essencial à psicanálise, a escolha pela transferência.

No caso específico das supervisões didatas, coletamos inúmeros depoimentos sobre sua eficácia, assim como a riqueza que tem sido, em termos de exogamia e intimidade, poder escolher supervisores além das fronteiras dos Institutos. Como mencionamos antes, a virtualidade resolveu obstáculos insuperáveis em outras épocas, como os geográficos e econômicos. A abertura de fronteiras possibilitada pela comunicação on-line trouxe uma conectividade não apenas digital, mas fundamentalmente humana. Hoje, na América Latina, há uma fluidez de intercâmbios teóricos e de experiências de diversos analistas com realidades diferentes que podem ser compartilhadas, o que proporcionou à Fepal um crescimento inimaginável há apenas quatro anos. E tudo isso por uma transferência apaixonada à psicanálise.

Escutamos os depoimentos dos analistas em formação?

> *"A minha formação estava parada, adiada e um acontecimento inesperado me possibilitou retomá-la. A pandemia abriu uma oportunidade para aceder a um formato de comunicação que acabou com as distâncias geográficas.*
>
> *Por intermédido da experiência da supervisão on-line, abriram-se novas possibilidades de conhecer diferentes estilos de trabalho no momento de escutar e analisar o material clínico do paciente. Isso não teria sido possível na modalidade tradicional, dado que, no meu caso, me separam muitos quilômetros do meu lugar de residência e da sede da associação a qual pertenço, o que significa uma viagem de muitas horas entre ida e volta, uma despesa importante à qual se soma o que deixo de ganhar".*

> *"Na pandemia o requisito de supervisão presencial foi flexibilizado e pude, assim, começar a supervisionar com uma psicanalista de outra associação. Conheci a minha supervisora por intermédio de uma tela e a*

transferência se instalou tão rapidamente como quando realizei a supervisão presencial. A ausência do corpo presente não significou nenhuma limitação".

"Foi algo muito importante ao se ampliar a possibilidade da escolha com quem queria supervisionar (incluindo profissionais de associações distantes) podendo, assim, fazer valer os meus desejos, transferência, além de cumprir com os requisitos da instituição.

As supervisões continuaram até hoje, sobre a sua eficácia não tenho dúvidas, a minha melhor capacidade de escuta, a minha capacidade de intervenção e as articulações que podemos ir realizando com diferentes bibliografias me enriqueceram notavelmente, como não tinha acontecido antes".

"Em que contribui a presença do corpo no encontro com o outro?

Essa presença é necessária em uma supervisão? Hoje considero que existe presença em ausência e ausência em presença. Considero que a supervisão on-line implica um ganho na possibilidade de se deixar guiar pelo desejo e em exogamia, e não diminui a eficácia do encontro da supervisão, já que quem supervisiona encontra no seu lugar de analista um entrelaçamento subjetivo suficiente para fazê-la por diferentes vias".

"Não podemos ficar broquelados em formas estabelecidas em uma época já superada, sem questioná-las à luz das novas possibilidades. Nós, os psicanalistas, hoje mais

do que nunca, insistimos em dar conta do modo em que levamos a cabo o nosso trabalho e os seus efeitos".

"A liberdade de escolha do supervisor deu a possibilidade da escolha entre diversas linhas teórico-clínicas, que dão lugar a um diálogo interessante, pouco dogmático e livre das ataduras que as transferências com determinado docente-analista e supervisor de uma mesma sociedade propicia, com o empobrecimento e falta de pluralidade concomitantes".

"As oportunidades clínicas que a virtualidade nos dá possibilitam permanentemente o crescimento de cada analista em formação, como também dos analistas já formados, posto que os relatórios dos casos, assim como as discussões destes, enriquecem a clínica de cada membro, desligando-nos a uns e a outros de uma espécie de "lealdades" que empobrecem a capacitação de desenvolvimento de cada profissional".

"Tentarei transmitir as repercussões e ecos a respeito da minha experiência de supervisionar de maneira virtual. A psicanálise faz uso da palavra e da escuta, ambas permitem infundir ritmo e movimento aos processos analíticos e vislumbrar a emergência do inconsciente, sem a necessidade de que os corpos estejam presentes. Essa premissa tem sido satisfatoriamente demonstrada tanto na minha prática clínica virtual como na minha experiência de supervisão com o mesmo

formato. A escuta e as palavras migraram e regressaram com repercussões sumamente positivas".

"A virtualidade, para os analistas, ampliou as opções de escolha, ao nos permitir escolher entre uma variedade dos possíveis supervisores, que podem acompanhar o nosso trabalho, eliminando barreiras geográficas e favorecendo escolhas exogâmicas a respeito das nossas associações as quais pertencemos".

"Essa escolha permite uma maior liberdade em termos de diversidade e produz efeitos mais enriquecedores em termos de intimidade. Isso é especialmente importante devido às dinâmicas e sensações disruptivas que podem surgir, por exemplo, as transferências cruzadas nas associações psicanalíticas, nas quais o número de analistas didatas para desempenhar esta função costuma ser muito limitado".

"Como analista em formação, descobri que o dispositivo de supervisão é uma ferramenta imprescindível e que realizá-la via on-line não altera a essência do que uma supervisão psicanalítica representa. Favorecendo o acesso a diferentes modos de pensar o processo da cura possibilita ampliar as margens das experiências que promovem e estimulam diferentes leituras bibliográficas, que nos conduzem à manutenção e ao compromisso da nossa tarefa dentro do processo singular que nos interpela".

Esses poucos parágrafos escolhidos, entre os muitos que têm circulado, são um vivo e eloquente depoimento das vivências que os analistas em formação transitam. Escutar as vozes das suas experiências recentes, talvez nos permita a possibilidade de investigação em psicanálise tendo em conta outras legitimidades, as da escuta, por exemplo.

Muito se falou do receio dos analistas em formação de relatar as suas desventuras, do receio à censura e exclusão. Também se destacou, em várias ocasiões, a coragem daqueles que se animam a sustentar um questionamento. A pergunta é se as instituições terão a coragem de transformar e se transformar de acordo com que os seus membros acham necessário. Talvez a aposta, o desafio é fazer dos obstáculos ferramentas; e pegar da ferida que a pandemia deixou, um resto "assimilável" na forma de novas perspectivas para a formação psicanalítica.

Escutamos as suas problemáticas atuais?

Nesse tempo, em que a virtualidade nos empurrou a transitar novas experiências na transmissão da psicanálise, torna-se evidente o que foi proposto por Freud em *Novos caminhos da terapia psicanalítica* (1919 [1918]), sobre a importância de "adaptar a nossa técnica às novas condições".

Foram manifestadas prevenções e questionamentos sobre como garantir a eficácia psicanalítica no dispositivo on-line, bem-vinda seja a investigação, mas, por acaso, existe uma forma de garantir a eficácia psicanalítica na intimidade de cada consultório, mesmo na presencialidade?

O que define se uma prática é psicanalítica ou não?

A experiência dos últimos anos tem demonstrado que para conseguir as mudanças de posição aos que aspiram uma análise, de nenhuma maneira é necessário se circunscrever exclusivamente ao enquadre tradicional instituído há tantos anos. Os benefícios do método psicanalítico suportam as mudanças de enquadre que as circunstâncias apresentam.

Essas novidades apoiariam o que Lacan enunciava antecipadamente: "uma psicanálise [...] é a cura que se espera de um psicanalista", colocando o peso e a responsabilidade do lado da posição do analista conforme a sua convicção, formação e desejo. Naquela época o tema controverso eram questões relacionadas ao tempo, (das sessões, por exemplo), situação que determinou exclusões e rupturas. Hoje podemos aplicá-lo às restrições espaciais que compreendem em que espaço transcorre a sessão, (por exemplo, o ciberespaço) ou questões espaciais em termos geográficos, não menos importantes, como a distância das associações nas quais pode se formar.

O tripé remoto transformou muros em ricas fronteiras desde as quais se estendem pontes que conectam analistas de diversas latitudes, com interesses, formações e problemáticas diversas e que permitiram compartilhar as encruzilhadas das quais temos que enfrentar, como também compreender a complexidade e riqueza da nossa região, enriquecendo-nos mutuamente. A formação a distância, saldo inovador de abertura, que paradoxalmente o isolamento da pandemia nos deixou, também permitiu, em um exercício mais democrático, formar-se como analistas aos que moram longe dos grandes centros que albergam as associações e possibilitou saídas exogâmicas, não só aos que se formam em sociedades com poucos membros, também aos que desejam conhecer e se enriquecer além das fronteiras. É que as fronteiras não são apenas geográficas, o conhecimento e a abertura implicam também ir além das fronteiras subjetivas. Em relação aos obstáculos e aberturas que aconteceram nas supervisões on-line, houve consenso em permitir as supervisões a distância, transformando os limites e as fronteiras em possibilidades e laços entre analistas de diferentes confins. A contribuição, tanto dos analistas em formação como dos supervisores, fazendo uso das suas experiências, permitiu aprofundar a necessidade de revisar esse tema tão atual. Surgiram propostas, como quatro supervisões de um ano cada uma, em vez de duas, poder revisar toda a clínica do analista em formação e não um só paciente. A proposta sobre a qual mais se insistiu é a necessidade e desejo de poder escolher o supervisor. É necessário repensar, refletir e escutar essas vivas-vozes, para que todo esse trabalho tão árduo não fique em um mero dizer, mas que dê lugar às mudanças em uma aposta a uma psicanálise em movimento de acordo com as novas encruzilhadas epocais. Já não deveríamos pensar em dar as boas-vindas à coragem de falar dos analistas em formação, senão à coragem das instituições de propiciar as transformações necessárias para uma psicanálise viva.

3. Controvérsias e paradoxos em torno da chamada análise didática[1]

Cecilia Teodora Rodríguez

Introdução

As controvérsias e paradoxos relacionados à análise no tripé da formação psicanalítica têm sido recorrentes ao longo da história do movimento psicanalítico e da sua transmissão.

Não fica à margem dessa reflexão o fato de que o laço social, dentro das instituições psicanalíticas, tem a característica de estar usualmente configurado por vínculos transferenciais entre os seus membros, constituindo, portanto, a análise uma pedra angular da instituição. Isso torna ainda mais delicado e, ao mesmo tempo, necessário o trabalho de reflexão permanente sobre a análise que no marco da instituição se complexifica no entrecruzamento da clínica psicanalítica e política institucional. Acrescentando, além disso, a tensão permanente entre o instituinte e o instituído.

Recentemente, as controvérsias sobre o lugar que a análise remota continuará tendo na formação psicanalítica deixa clara esta tensão entre a tradição e a inovação, dando lugar a controvérsias que, de

1 Texto que tomou forma a partir dos diálogos e debates dos Encontros de Institutos, reuniões com diretores de Institutos, e do Debate Aberto – 2022-2023.

algum modo, atualizam outras que se foram dando no transcurso da história no que concerne à vinculação entre análise e instituição.

Controvérsias históricas à luz dos nossos dias

Em 2020, a partir da irrupção da pandemia Covid-19 que entre muitas outras coisas nos obrigou, de maneira iniludível, ao trabalho remoto na formação psicanalítica, iniciou-se uma experiência coletiva em que cada um dos eixos do tripé da transmissão da psicanálise deu lugar a considerações muito diversas. Entre elas conseguimos constatar que a análise tem sido o eixo mais problematizado.

Há anos a análise remota tem sido foco de estudo e discussão sobre a especificidade do campo analítico por meio de dispositivos tecnológicos que possibilitam formas de encontro que alteram espaço e tempo, dando lugar a uma forma de presença insólita no final do século XX.

Depoimentos, atividades científicas e literatura psicanalítica dão conta da sua eficácia em termos gerais, mas no campo da formação psicanalítica houve fortes discussões sobre o seu pertencimento e sobre as implicações desta prática na transmissão da psicanálise. Que efeitos essas modalidades têm na transmissão da psicanálise?

Os pontos de vista têm sido muito polarizados e contraditórios, porém, é fato que o que concerne às análises *didáticas implica* perspectivas muito diversas. Agora, e a partir da pandemia, todos vivemos a experiência das análises didáticas mediadas por dispositivos tecnológicos. Analisando ou nos analisando, e isto foi o detonador para continuar aprofundando em um campo, que para muitos colegas acabou sendo novo na sua prática, enquanto para outros já fazia parte da sua prática, embora não no que diz respeito ao campo institucional, salvo em algumas circunstâncias consideradas como excepcionais.

Tem sido muito enriquecedor escutar distintas perspectivas nas atividades interinstitucionais que aconteceram nesses anos de transição entre presencial, remoto e a combinação de ambas as modalidades em diferentes maneiras. Tema que se tornou central no que diz respeito a porcentagens legitimadas institucionalmente nessa combinação.

É certo é que a passagem do excepcional ao habitual nos colocou diante de novos horizontes, nos quais a polêmica e debates sobre o lugar que a análise remota seguirá tendo na formação psicanalítica e as políticas a respeito têm sido fonte de importantes controvérsias.

É possível considerar que os debates e desacordos recentes sobre a análise on-line na formação psicanalítica são a "ponta do iceberg" cujo fundo é um grande emaranhado, em que o entrecruzamento entre a clínica psicanalítica – a análise – e a política institucional se articulam de um modo complexo e, às vezes, inclusive contraditório.

As análises, quando levam o adjetivo *didático*, marcam a especificidade desses processos que incluem os efeitos subjetivantes da própria instituição. E é precisamente a respeito dos efeitos do *didático* em um processo analítico que historicamente se mantiveram importantes controvérsias que dividem as águas entre os analistas.

Controvérsias que, no contexto atual, partiram da seguinte questão: se há muitos anos os avanços tecnológicos que entraram no campo da psicanálise têm demonstrado a sua eficácia, se inclusive muitos colegas, por diversas razões, têm na sua prática a análise "remota", se como ficamos sabendo por múltiplos depoimentos no transcurso desses últimos anos, muitos analistas – também entre os que exercem a função didática – se reanalisam ou se reanalisaram por este meio, então, que inquietações surgiram quando se trata da análise dos analistas em formação?

Tem sido muito claro que a preocupação sobre a qualidade da transmissão da psicanálise está no centro do debate. Mas, antes de tratar o que concerne a esta distinção entre uma análise no marco da instituição e qualquer outra análise, é necessário sair da generalização destacando um item fundamental que foi sugerido por diversos autores, e que tem sido retomado e discutido em muitos dos diálogos interinstitucionais que organizamos.

Os termos gerais, o enquadre em que se desdobra uma análise é conveniente, ou não, de acordo com as características e problemáticas do analisante. E, evidentemente, também em relação ao analista. Isso inclui agora o que diz respeito ao enquadre de uma análise midiatizada por recursos tecnológicos.

Embora falemos em termos gerais de "análise remota", é importante levar em consideração que as possibilidades de encontro no campo analítico fazendo uso de dispositivos tecnológicos constituem variantes importantes. Escutamos muitos depoimentos em que as análises se levam a cabo por meio de uma tela, mas usando o divã. Outros passaram do divã ao cara a cara ao usar a tela. Alguns se encontram com câmara e depois continuam com a tela do, ou da analisante, desligada. As sessões que são por telefone implicam um campo distinto, enquanto a escuta do analista prescinde inclusive do olhar. É possível a generalização com tantas variáveis? E isso sem contar os cenários inéditos tendo a tela – ou telefone – como meio em que se encontravam analista e analisante, *dando lugar* a experiências analíticas que foram possibilitando um campo a ser trabalhado metapsicologicamente.

Já não se trata de presença e ausência, com o constitutivo que isto tem nos movimentos psíquicos e nos processos simbolizantes. Trata-se agora de presença em ausência, em um campo analítico que tem a sua própria especificidade, a qual poderá ser maiormente compreendida e estudada à medida que não for reduzida a ser apenas um substituto do trabalho presencial.

Portanto, todas essas modalidades anteriormente descritas foram recursos nas análises – obviamente também nos de formação – a partir de 2020. Estes últimos deixaram de ser experiências analíticas?

Deixaram de ser formativos? Não é no caso a caso que isso poderia determinar-se?

A experiência dos analistas em formação tem sido fundamental para dar conta do processo de transmissão nestas condições.

Os depoimentos de supervisores, e a nossa própria experiência supervisionando durante este tempo, possibilitam ver o modo em que os analistas em formação têm trabalhado com os seus pacientes, sustentando as invariantes do método psicanalítico, agora em formatos nao presenciais. Ou podendo visibilizar-se os obstáculos disso.

Daqui surge que, em geral, mais que propor a eficácia do uso dos dispositivos tecnológicos é o modo de usá-los o que lhes dá a possibilidade de serem "ferramentas" importantes no campo analítico, e como toda ferramenta depende da habilidade, habilitação e destreza de quem a usa. É possível pensar que a formação psicanalítica, diante dos horizontes que se abriram, incorpore elementos para "habilitar" melhor os analistas no trabalho por intermédio de recursos tecnológicos, cada vez mais solicitados no nosso tempo? É factível incorporar aos planos de estudo bibliografia concernente à análise *remota*? Em que medida a supervisão contínua da análise conduzida com a análise on-line, ou em combinação da análise presencial e sessões remotas contribui para aprofundar sobre uma prática e as suas margens? Quanto destas experiências podem ser consideradas formativas? Sem dúvida foram. Ao menos isso pode se afirmar a partir da experiência de muitos colegas analisando, analisando-se e supervisionando casos clínicos conduzidos remotamente, neste tempo em que era iniludível fazê-lo assim.

Analista, analisante/didata, candidato

Ficou claro que as considerações sobre a efetividade das análises à distância parecem não ser as mesmas quando se trata das análises de quem quer ser analista.

Qual é a diferença destas análises que exigem de um analista legitimado pela instituição para conduzi-las? Requerem uma escuta distinta?

Nesse sentido se articula a discussão atual sobre a análise por intermédio de recursos tecnológicos, nos quais se reconhece a sua eficácia, mas que a respeito das análises didáticas implicaram pontos de vista totalmente contraditórios, inclusive entre analistas que exercem a função didática.

A pergunta visa conceitualizar a diferença que se estabelece entre uma análise didática e uma análise sem nome. Diferença que, por um lado, se considera que não existe, ou que não deveria existir, enquanto, por outro lado, é defendida aguerridamente.

Atualiza-se assim a discussão que historicamente tem dividido as águas entre os analistas. Todos formados na API e todos tendo transitado pelas análises didáticas durante a sua *formação.*

De um lado, estão aqueles que consideram que a análise durante a formação não deveria ser diferente a qualquer outra análise. Isto é, que a experiência analítica, também as análises daqueles que desejam ser analistas, deveriam ser levadas a cabo unicamente com as *regras fundamentais do método psicanalítico*, que nada tem a ver com os regulamentos institucionais.

Por outro lado, e em contraste com esta posição, estão aqueles que consideram fundamental o formativo da ingerência institucional com suas regulamentações nos enquadres e marcos institucionais em que esta experiência analítica é realizada.

É justamente entre estas duas posições que podemos situar um ponto nodal das controvérsias no que diz respeito à *formação*. Palavra que em si mesma tem feito parte da polêmica, que como pedra de Sísifo implica enormes esforços para ser movida e cair novamente no mesmo lugar, o que leva outra vez a um movimento, neste caso discursivo e conceitual, que se repete, mesmo à luz de mudanças epocais.

Análise de formação/análise durante a formação

Análise de *formação* ou análise *didática* para muitos faz alusão ao contexto acadêmico, a um percorrido que marca um ponto de chegada em um processo estabelecido como formativo. O risco, de acordo com quem se inclina pela primeira posição –a de que a análise *durante a formação* deve ser como qualquer outra análise–, é que esta análise perca a sua especificidade ao ver-se atravessada por uma intenção didática, fazendo disto um obstáculo à experiência analítica.

"Formar", de acordo com o Dicionário *da Real Academia Espanhola,* significa "Dar forma a algo" e dá como sinônimos "moldar, modelar". Formação, então, que faz alusão a um ideal de analista "formado", "modelado". Nesta linha de pensamento, a preocupação gira em torno às implicações de tomar um ideal como modelo. Modelar de acordo com um molde em que pode ser difícil sustentar a singularidade na série de identificações institucionais que se configuram desde o didático destas análises no transcurso do processo de formação.

Contrariamente com a ideia de *Formação* está a de *Transmissão.* Nesta última se destaca a experiência que se apresenta ao transitar por um processo analítico no transcurso do qual, o próprio trabalho com as formações do inconsciente vai gerando transformações das quais pode advir um analista, quando esta experiência se entrelaça com um programa de seminários e com a experiência clínica do analisante na condução dos seus casos supervisionados. Mais que uma *formação* psicanalítica, no sentido de "dar forma", é a experiência a partir das *formações do inconsciente* e as suas vicissitudes que se considera o efeito de transmissão que se potencializa quando esta experiência se entrelaça com as supervisões da própria prática e com os seminários.

O próprio nome da *Comissão de Formação e Transmissão da Psicanálise da Fepal* articula as duas posições paradoxalmente contraditórias e complementares, e nas que, no que se refere à análise didática, esta se complexifica na permanente tensão do que está em jogo entre a subversão do desejo e a adaptação à instituição.

A delicada vinculação entre ambos os significantes é a obrigatoriedade que impõe uma formação padronizada institucionalmente e como parte de um programa de formação, ao mesmo tempo que se promove uma transmissão em que o desejo de análise pulse a experiência em que o de*vir psicanalista* se transita no singular.

Vemos, então, a enorme diferença que existe nos dois modos de se referir à análise de quem ingressa nos institutos com o desejo de trans*formar-se* em analistas. Diferenças que resulta em posições bem distintas nas discussões atuais e que derivam destas.

Análise *durante a* formação, ou análise *de* formação.

A primeira, acentuando a especificidade de uma análise durante a formação; e a segunda, acentuando a ideia de que a própria análise é formativa.

A primeira, visando a confiança no discernimento do analista na direção do processo; e a segunda, confiando ao analista as regulamentações institucionais.

Análise e instituição: tradição e contradição

De todas as atividades levadas a cabo pela Comissão de Formação e Transmissão da Psicanálise, uma das mais controvertidas e ficando evidente importantes mal-estares institucionais foi o XXI Encontro de Institutos, que foi também um evento com enorme participação tanto de analistas como de analistas em formação.

A partir do título propomos a abordagem de contradições no sentido de antagonismos e oposições no que se refere ao tema análise e instituição, mas também no que diz respeito à contra*dição no* sentido do não dito, do que não se fala ou se fala pouco nos encontros científicos, quando é precisamente o que possibilita visibilizar mal-estares e problemáticas com as quais a transmissão da psicanálise tropeça no que fiz respeito às análises didáticas.

Entre as contradições, pudemos escutar as posições de colegas que consideram que a análise didática contradiz a própria essência da análise. Isso em virtude de que, ao ser atravessada por uma didática, esta opera como fator contaminante, que pode inclusive produzir um *enactment* crônico que obstrui o desenvolvimento do processo analítico da maneira em que este se leva a cabo quando não há uma institucionalização do desejo. Embora este desejo seja o de se transformar em analista.

Nesse sentido, constata-se que não é estranho escutar depoimentos de analistas que acham que são mais férteis os seus períodos de análise prévios ou posteriores ao didático. Tampouco não é estranho escutar depoimentos que dão conta de baluartes que, nestas análises, dificultam analisar o que concerne à instituição e que é precisamente isto o que muitos desejam na possibilidade de analisar-se fora da instituição a qual pertencem. Principalmente nas sociedades em que o risco de endogamia dificulta muitas vezes o desenvolvimento singular de seus membros, sendo, por sua vez, mais entrecruzadas as redes transferenciais dentro do grupo. Situação que às vezes tem se dado por circunstâncias como a de ter poucos didatas numa associação.

O que é paradoxal nessa perspectiva é que precisamente a análise, que está pensada como um fundamento no processo de advir como analista, no transcorrer do didático e da organização hierárquica – com o poder que isso implica nos contextos grupais–sendo que isto, para muitos colegas, implique a dificuldade naquilo que se pretende conseguir: a transmissão da psicanálise. E nesse sentido, como no modelo francês, alguns institutos, poucos na América Latina, veem como algo favorável a análise fora da própria instituição.

Por exemplo, nos diálogos mantidos entre 2020 e 2024, este é um tema que esteve muito presente, e constatamos que há muito tempo está presente também na bibliografia sobre as análises didáticas.

Outra posição, totalmente contraditória a esta que propõe o didático de uma análise como obstáculo no processo de advir como analista, é a que considera imprescindível a função *didática* ao sustentar-se a análise de formação no marco de uma instituição. O didático, desde essa perspectiva, é visto como a habilitação de um analisante que deseja ser analista, por intermédio de um processo em que esta habilidade é transmitida, geração após geração, por um didata. E, geralmente, didatas que fazem parte da filiação da própria instituição. Assim, com esta análise se inaugura o processo em que se inicia como candidato, depois analista aderente, titular, e finalmente didata. Isto para quem deseja fazer carreira institucional, visto que há analistas que não têm nenhum interesse de exercer a função didática.

Por outra parte, o tema do analista didata, como categoria vitalícia, tem sido também centro de polêmicas e debates. Resultado disto é que em muitos institutos "ser didata" deixou de se considerar uma categoria –que em muitas sociedades costumava ser vitalícia– e reconhecer mais o didático como uma função que se exerce. Isto têm importantes consequências.

Por outro lado, muito se tem trabalhado também no que se refere ao advir como analista pela identificação com um didata ou a identificação com uma função. A identificação se vincula à identidade. Identidade analítica, identidade institucional. Identificação com um grupo. Na transmissão da psicanálise se transmite também uma filiação. Neste sentido é importante o que diz respeito aos efeitos subjetivantes do pertencimento institucional, e nesse pertencimento, que costuma fazer parte da identidade, as mudanças são difíceis.

Este posicionamento que encontramos, e que é o mais comum, mantém posições exemplificadas com a seguinte vinheta:

> *"Necessitam-se regras e normas na análise didática. É esta a especificidade de que estas análises se levem a cabo no marco de uma instituição que, por outra parte, é a que habilitará e legitimará ao analista como tal, em um processo que inicia com o didático, e no transcurso do qual, com o passar dos anos, o mesmo poderá chegar a exercer essa função".*

Assim, por um lado, encontramos novamente a posição de que a análise durante a formação não deve ser diferente de qualquer outra, considerando a relevância da desregulação desta, enquanto, por outro lado, faz da regulação institucional fundamento imprescindível na formação psicanalítica.

Cabe comentar que no debate "Análise e Instituição", o fato de apenas pensar sobre a desregulação das análises durante a formação, inclusive, pareceu escandalosa para alguns colegas.

Entendemos que não é o vale tudo, senão que a função analítica, os limites éticos e as regras do método psicanalítico sustentam a especificidade da análise a partir desta perspectiva, não as regras institucionais.

A análise didática ou de formação foi eliminada no modelo francês. Isto em base à consideração de que apenas há uma análise, pessoal, e que se deve respeitar uma estrita separação entre a análise pessoal e a formação.

Com este modelo, que também se enquadra na filiação da API, existe a possibilidade de analisar-se fora da própria instituição com o analista da sua escolha, com quem quiser se analisar, sem a necessidade de que este se encontre investido institucionalmente pelo instituto para exercer uma função de transmissão, mas simplesmente reconhecido como analista.

Provavelmente, porque na América Latina o modelo francês é menos conhecido, aceito também pela API, a proposta da análise à margem do instituto de pertencimento pode estar bem distante das discussões de muitos institutos e, inclusive, inquietante como se pode constatar em diversos diálogos interinstitucionais.

É evidente que a instituição é parte fundamental na transmissão da psicanálise, embora o que parece estar sempre em permanente tensão quando se trata da análise *de* formação, ou da análise *durante* a formação, no que diz respeito ao que se transmite, não da psicanálise, mas sim da instituição.

Nisto está implícito que a formação acarreta também aspectos da instituição que muitas vezes se consideram como parte de uma identidade grupal, o que implica o risco de dificultar a singularidade necessária para o advir do analista. O subversivo no campo da instituição poderia ser pensado com subverter o estabelecido? Geralmente isto choca com as dificuldades inerentes ao campo institucional, quando, por um lado, há um empurrão às transformações, muitas vezes impulsionadas pelas novas gerações e, por outro lado, um empurrão contrário que tenta preservar, conservar o *status quo.*

É importante destacar que as diferentes perspectivas foram apresentadas por analistas com ampla trajetória no campo da transmissão da psicanálise.

O tema da desregulação da análise dos analistas em formação, neste período de tempo, centralizou-se particularmente na desregulação no uso de dispositivos tecnológicos nos casos de análise, quando for necessário. Isto considerando a experiência em que, por quase três anos, após o acontecimento de 2020, as análises foram conduzidas do modo que para cada dupla foi possível, e na medida em que o retorno ao presencial se foi dando no transcorrer do controle da pandemia.

Até onde pudemos nos dar conta, a maioria dos analistas em formação voltaram à análise presencial, mas não foram poucos os casos em que, eventualmente, se solicitam sessões de análise on-line. Isto pode ser trabalhado no campo transferencial, como qualquer outra circunstância que irrompe no enquadre estabelecido entre analista e analisante. Mas também houve casos –e aqui se instala a polêmica– em aqueles que, dentro do enquadre combinado, estabeleceram uma porcentagem da análise on-line. Qual é o enquadre mínimo legitimado institucionalmente e que fez parte de fortes discussões neste período? Especialmente a partir de 2023.

A clínica psicanalítica se conjuga no singular

Em relação às posições tão contraditórias no que diz respeito ao tema da análise didática, é fato que todos passamos por esta experiência ao ter transitado pela análise de formação e muitos, inclusive, exercemos a função didática, por isso que questionar e aprofundar na especificidade e problemáticas deste campo é uma responsabilidade enorme, com os analisados e com as nossas instituições.

O que está em jogo entre o instituído e o instituinte, idealmente deve manter a capacidade crítica e criativa em que a singularidade não se estrangule no ideal e passe a ser imperativo. É o risco, advertido por muitos colegas, de que os divãs não se transformem em "leitos de Procusto".

O que tem sido mais que evidente é que cada um dos enquadres, nos quais se desenvolve a análise, inclusive a dos analistas em formação, têm a sua razão de ser em cada caso, e no que se refere à análise on-line isto também é assim. Sabemos que inclusive o uso do divã não é apropriado para todos os casos, e é comum que alguns analisantes, depois de trabalharem com outros enquadres possam, então, sim, chegar ao divã. Isto pode inclusive ser efeito de transformações dentro do processo analítico que possibilitam este formato.

Talvez desde aí existe algo da análise e seus padrões que é posto em jogo desde o ingresso dos aspirantes que se formarão como analistas. O instituto estabelece as suas regulações para a análise, e quem não se adequar não pode se formar. Por exemplo, quem não pode manter uma análise com uma frequência de pelo menos três sessões semanais. Embora muitas vezes a dificuldade de adequar-se depende de fatores econômicos ou geográficos.

Porém, em geral, sabemos que há problemáticas clínicas em que a análise à distância não é adequada e outras, segundo vários depoimentos de colegas, abriram a possibilidade a casos que, de outro modo, não teriam chegado ao consultório.

Para uma grande maioria de colegas –como pudemos ver nos múltiplos diálogos que organizamos–, não se trata somente da qualidade de um dispositivo analítico, mas sim da singularidade dos casos. O pertinente ao seu uso faz parte da condução de um processo analítico, e é responsabilidade do analista que implementa o enquadre saber se este é apropriado ou não para cada um dos seus analisantes.

Não é necessário dizer que saber quando o uso deste recurso é resistência, ou motor do processo analítico é algo que, como em muitas outras circunstâncias, pode ser esclarecido no próprio processo. O que ficou claro é que em muitos casos se possibilita uma análise que de outro modo não poderia acontecer, e que como recurso não se trate somente de uma segunda opção na impossibilidade da primeira, senão de um recurso que abre um campo a ser considerado em si mesmo, e com o qual, a partir da própria experiência, muitos colegas se interessaram em aprofundar-se na sua especificidade.

Regulação ou desregulação da análise na formação psicanalítica

Então, no caso da análise dos analistas em formação, é de grande relevância o que concerne no seu enquadre, que há muito tempo se constituiu no foco de muitas polêmicas. Enquadre que foi determinado por padrões do que, em uma determinada época, se considera apropriado.

Anteriormente, a polêmica girou em torno ao número de sessões semanais "requeridas" em uma análise didática para ser legitimada como tal. Pode-se afirmar que foi melhor analisada a geração que se analisou quatro ou cinco vezes por semana do que a que se analisa com uma frequência de três vezes?

Uma das contradições é a ilusão de uma garantia que desde o quantitativo possa dar conta do incomensurável de um processo analítico. No entanto, isto faz parte dos fundamentos nos quais se enquadram as análises no tripé. Fundamentos que para muitos colegas devem ser revisados de acordo com as mudanças epocais, deixando uma margem ao provisório delas e enfatizando o valor da argumentação acima da tradição.

Agora a polêmica se trata de quantas sessões presenciais se devem ter em uma porcentagem considerada como mínimo aceitável na combinação entre remoto e presencial

E após um labor de investigação imenso levado a cabo pelo grupo de trabalho Psicanálise em Tempos Contemporâneos finalmente, na busca de estabelecer um lineamento mínimo, foi feito um cálculo matemático para determinar que este lineamento fosse de 25% de sessões presenciais:

- 1 ano 100% + 5 anos 10% = 150%
- 150/6 anos = 25%, em média

A lógica foi a seguinte:

> *"Concordamos que a porcentagem deveria ser de 25%. Com isso, não estamos inventando uma nova prática, senão trabalhando a partir de uma base de normas existentes, como se formula na normativa do Código de Procedimento da API sobre "Análise a distância". O código atual não formula uma porcentagem global para toda a análise, mas um simples cálculo nos leva a esta cifra de 25%.*

> *No requisito 6b da seção "Análise à distância", o primeiro ano é presencial, depois os anos seguintes podem ser on-line, exceto um mês de cada ano, que deve ser presencial: isto dá aproximadamente 10%. Se supomos que a análise dura seis anos, a porcentagem mínima global pessoalmente pode, então, ser calculada assim".*

Vale a pena dizer que isto originou também enormes desacordos em nível não só regional, mas também intercontinental. Foi muito difícil chegar a um consenso, o que é compreensível.

As diferenças entre as regiões são enormes. Também as diferenças entre contextos institucionais. Na América Latina há distintas perspectivas a respeito disso.

Parece claro que ao considerar-se a análise "à distância", de modo geral, perde-se a riqueza e a complexificação das suas múltiplas variáveis, além das dificuldades e desafios de cada uma delas.

Todas as variantes entre os dispositivos tecnológicos no campo da análise foram sendo implementados há décadas por analistas, em resposta aos casos que por diversas razões assim o exigiam. A clínica e as suas problemáticas interpelam continuamente à psicanálise. Não dar importância a isto levaria a um anacronismo na nossa *práxis*.

O que ficou claro é que as razões para incluir o trabalho remoto na formação psicanalítica não se circunscrevem unicamente à situação da pandemia, senão que a antecedem, como ficamos sabendo a partir dos depoimentos coletados nas atividades que levamos a cabo como comissão.

Entre estes antecedentes são sumamente relevantes os que dizem respeito à forte migração que existe na América Latina, e é uma razão pela qual numerosos colegas tiveram que recorrer à análise "a distância" muito antes da pandemia. Razões muito importantes a serem consideradas, entre outras, que marcam a especificidade do contexto latino-americano, com as particularidades da clínica psicanalítica e seus desenvolvimentos na nossa região, e com o isto contribui para o resto do mundo.

É verdade que no transcurso desta experiência em que todos analisamos e nos analisamos "*on-line*", que supervisionamos ou fomos supervisionados, o diálogo, o estudo e as discussões dentro e entre instituições foi dando lugar a aprofundamentos, elaborações, considerações e um trabalho importante, tanto no campo das atividades científicas como nos debates sobre política institucional.

A partir de inumeráveis depoimentos de supervisão ficou evidente que, no que diz respeito à análise por meio de dispositivos tecnológicos, as dificuldades no campo da transmissão da psicanálise, como em qualquer outra análise, foram pelas dificuldades do caso e, às vezes, inclusive, pelas dificuldades do analista para trabalhar de uma maneira que para muitos era nova e inclusive tendo resistência.

> *"Eu não trabalho a distância porque não sei. Não tenho experiência nisso e de repente tenho que trabalhar assim. Tampouco sou muito hábil com a tecnologia. É uma mudança muito forte".*

Alguns depoimentos como este dão conta de que para muitos colegas, entre eles didatas, a situação da passagem iniludível ao trabalho "remoto" significava um desafio enorme. É compreensível que a perspectiva com este modo de análise esteja atravessada pela experiência pessoal. É, com certeza, uma porcentagem menor a dos analistas em função didata que viveram esta experiência como analisantes.

As gerações que estão ingressando na segunda década do século XXI vivem em um mundo diferente ao dos seus analistas, alguns formados nas últimas décadas do século passado.

As mudanças são cada vez mais vertiginosas e agora a tecnologia faz parte da vida cotidiana nas grandes cidades, mas também é importante levar em consideração que as novas gerações são atravessadas de um modo diferente pela tecnologia e pelos efeitos subjetivantes que vão se produzindo no contexto das transformações socioculturais.

Presença em ausência: além da lógica binária

Como foi ventilado por muitos colegas o contraste entre a análise tradicional, em presença física, e a on-line, em presença não física, não pode ser reduzida a um binarismo entre uma e outra. Isto implica também considerar que a análise on-line não é somente um recurso de menor valor do que o trabalho no consultório, senão que se trata da especificidade de experiências que, faz tempo, convocaram a ampliações metapsicológicas e técnicas. E neste sentido, sabemos que se trata de um recurso incalculável que surge ante a clínica contemporânea.

De fato, não é o que responde a ela?

Conseguimos detectar que a preocupação de muitos colegas é que na tentativa de regular e padronizar porcentagens em relação ao uso do trabalho remoto nas análises dos analistas em formação, sejam deixadas de lado as considerações sobre os efeitos subjetivantes da transmissão da psicanálise em uma modalidade que era impensável até o final do século XX.

Nesta forma de presença *em* ausência, o ponto central em que se situa o foco das considerações clínicas atuais é a relevância do corpo em um espaço compartilhado. Quer dizer, o protótipo da análise que por mais de um século foi transmitido de geração após geração.

Não podemos ignorar o contexto e o que diz respeito aos aspectos socioculturais nos quais estamos submersos, entretanto, podemos constatar que muitos colegas apenas se somaram a estas discussões sobre o trabalho "a distância", a partir de 2020.

Então, o que fica por aceitar é a controvérsia e as contradições que fazem parte dos paradoxos inultrapassáveis que demonstraram ser efeito inevitável do movimento psicanalítico, no que se refere à instituição.

Problemáticas no campo da análise didática

Além de trabalhar com as controvérsias, no que diz respeito à análise e instituição, também demos importância às contradições. Isto é, o que não se diz ou não se pode dizer habitualmente nos espaços da atividade científica.

Por isso, sugerimos que no XXI Encontro de Institutos fossem apresentadas algumas situações comuns vividas pelos analistas em formação, representadas nas seguintes vinhetas nas quais se ventilaram importantes problemáticas no campo da transmissão. As vinhetas foram tomadas de um depoimento coletivo de analistas em formação, depoimento que, por intermédio de uma das apresentações no painel, deu voz aos analistas em formação do Chile, Argentina, Venezuela, México, Paraguai, Brasil, Panamá e também do Instituto Latino-Americano de Psicanálise (ILAP).

> *"Praticamente não tive a oportunidade de escolher a minha analista. Foi uma decisão por eliminação, já que eram poucos os didatas na minha sociedade, então já estavam ocupados ou eram meus supervisores. Pedi alternativas para que pudesse escolher analistas externos, mas não aceitaram, então não havia outra opção se queria continuar a minha formação; foi muito frustrante nesse momento".*

Nessa mesma linha, outra experiência:

> *"Tive colegas que demoraram mais em aumentar a frequência das sessões, muitas vezes acontecia que o*

> *analista não tinha horas disponíveis, então era mais difícil começar a análise didática e isto gerava mal--estar".*

Estes casos exemplificam situações comuns, especialmente em sociedades com poucos membros. O fato de não poder escolher analistas externos à própria instituição é algo comum, e que, à luz das possibilidades de trabalho remoto, voltou a surgir como um tema importante. É possível aproveitar este recurso a favor da transmissão da psicanálise? Sabemos que não se trata somente das possibilidades de encontro, mas sim que em muitas oportunidades se procura salvaguardar uma identidade institucional.

São inumeráveis as situações que foram levantadas no transcorrer destes anos, considerando a maneira em que o trabalho remoto pode aportar, senão, ou seja, fica circunscrito a circunstâncias pandêmicas, mas sim, melhor considerar a especificidade do contexto latino-americano e o que implica se formar hoje como psicanalista. Porém, também nos questionarmos se a formação está de acordo com esta época, ou se na dificuldade de movimentos institucionais se corre o risco de ficar sujeitos a algo anacrônico.

Mas mesmo assim há depoimentos de diretores de institutos, entre os quais destacamos o seguinte:

> *"Somos uma sociedade com poucos membros e a maioria de idade avançada. Os analistas em formação não têm muitas opções para se analisar e supervisionar. A possibilidade de que se aceite a análise à distância é quase uma solução de sobrevivência para nós".*

Esta consideração contrasta com o seguinte:

> *"O risco de que os analistas em formação de pequenas sociedades se analisem fora delas pode causar que estas não se consolidem em uma identidade própria".*

Essas duas últimas vinhetas mostram claramente que o que para uns constitui uma possibilidade de sobrevivência, para outros, pelo contrário, representa uma ameaça.

Não é clara a dificuldade de padronizar medidas de acordo com as distintas necessidades, sem detrimento do que não cabe dentro da padronização? É a padronização do enquadre o que nos dá a identidade como membros da API? Não são claras as controvérsias e contradições que sustentam posições paradoxais, sendo necessário um olhar que dê lugar à complexidade inerente ao campo das instituições psicanalíticas?

Sem dúvida, para nós que exercemos a função didática, isto nos leva a fazer uma reflexão imprescindível.

Como nos situamos no exercício da função didática? Como exercemos essa função, tão controvertida, e em que medida estamos *conscientes* das tensões inerentes a essa práxis? Que efeitos isto têm no campo analítico com cada um dos nossos analisantes? Até que ponto somos compartícipes das regulamentações que nos enquadram, ou em que medida subscrevemos a elas por obediência acrítica?

É enorme a responsabilidade que temos como analistas, e é enorme a responsabilidade de quem faz parte do processo da transmissão da psicanálise à próxima geração. Contemplar as controvérsias, aprofundar na reflexão, fazer parte dos debates, escutar aqueles que estão se formando e também aqueles que pensam diferente é algo que pode manter a vigência de um compromisso ético no qual estamos envolvidos.

4. Debate aberto: E agora o quê? Trabalho remoto na formação psicanalítica

Cecilia Lauriña e Cecilia Teodora Rodríguez

"Comemoro este debate de política psicanalítica incluído em um processo de abertura permanente das instituições. Como todo processo histórico de democratização também tem que atingir as instituições psicanalíticas. Isto implica nos desligarmos de um superego institucional e coletivo, que muda o conceito de instituição pelo coletivo de membros.

Já não somos os mesmos que há cem anos, quando a formação começou a ser regulada pelo Instituto de Berlim. Comemora que a Fepal tome a iniciativa neste debate."

Polifonia de vozes latino-americanas

Neste capítulo "escutarão vozes, agora anônimas", que se levantaram em um debate sem precedentes nas nossas instituições.

E agora o quê?

Em 2023, essa pergunta condensou as inquietudes dos membros e analistas em formação em torno ao lugar que continuaria tendo o trabalho remoto na formação psicanalítica, e os lineamentos institucionais que seriam propostos quando a Organização Mundial da Saúde decretasse o fim da pandemia.

Qual seria posição da Associação Psicanalítica Internacional?

E a experiência de todos nós, membros latino-americanos da API, com o trabalho levado a cabo na América Latina? Após múltiplos diálogos mantidos anteriormente, pudemos comprovar que muitos colegas esperavam os lineamentos da API, enquanto outros tinham propostas a partir do trabalhado dentro dos seus institutos no que se refere à prática clínica fazendo uso de dispositivos tecnológicos considerando a particularidade de contextos socioculturais, geográficos e econômicos. Ficou muito claro que as considerações que sustentam diferentes posições não podem ser deixadas de lado.

O detonante do debate aberto foi que, dois anos e meio depois que teve início a experiência coletiva com o trabalho remoto na formação psicanalítica, em dezembro de 2022, chegou aos membros da API uma carta em que foi proposto o respaldo a uma *política de transição* com respeito à formação à distância no contexto de pandemia.

Este comunicado, que surgiu na continuidade com o estabelecido nas exceções originais aos padrões de formação psicanalítica implementados em 2020, originou muitas inquietudes e mal-estares na membresia. Depois da experiência em andamento se abriram novos horizontes nos quais já não se tratava só de situações excepcionais, mas sim de uma forma de prática que nos levou a considerar o presente e o futuro da transmissão da psicanálise.

Após este comunicado da API, um catalisador importante de inquietudes e contribuições críticas foi um documento escrito por colegas de diferentes sociedades da Fepal, todos com ampla experiência no campo da transmissão da psicanálise. Neste documento convidavam a resolver estas discussões recorrendo às diretrizes ordenadoras, propondo a necessidade de uma reflexão coletiva.

Algumas apresentações desta carta foram os detonadores do debate.

Manifestaram que a análise remota como exceção à regra mostrou que a regra não era absoluta. A experiência coletiva trabalhando on-line no transcurso da pandemia deixou evidente que o padrão que se considerava o único e o melhor não necessariamente era assim. Falar de excepcionalidade traz consigo a tendência de entender como heresia o que está fora do cânone, e voltar a este quando for possível. No entanto, o atendimento remoto criou um novo campo na experiência clínica, fértil para a produção de conhecimento.

A partir do impacto que esta carta ao circular produziu entre colegas de distintas filiações e ser publicada nos meios de difusão da Fepal, tomamos a decisão e organizamos um debate aberto, democrático e horizontal para escutar as diferentes vozes em relação a um tema no qual a clínica psicanalítica e a política institucional se entrecruzam.

Reunimo-nos, via *Zoom,* aproximadamente trezentos participantes: membros, analistas em formação, dirigentes de sociedades psicanalíticas da América Latina e membros da diretoria da Fepal, ILAP, OCAL, ABC e IPSO. Esteve presente também a vice-presidente da IPA

Dada a relevância das propostas que foram se apresentando e o entusiasmado debate, se propôs estendê-lo uma hora mais do previsto: de três horas a quase quatro horas, e mesmo assim o entusiasmo perdurava.

Que API queremos ter? Foi uma pergunta que ecoou em muitos grupos. Tendo em vista que nós somos membros latino-americanos desta instituição da qual fazemos parte, é de grande relevância dar lugar às vozes, às contribuições e inquietudes que trazem perspectivas desde a nossa região.

Para o debate não convocamos oradores, apenas algumas ideias detonantes, e após isso a palavra circulou para que quem quisesse, em três equitativos minutos, expor livremente as suas ideias.

Distintas vozes em debate

"O que está em jogo é o funcionamento institucional.

Um núcleo duro da IPA tem a ver com a função reguladora que na Europa é extremadamente valorizada e quase chegou a transformar-se em um emblema identificador para muitos. Isso faz com que os padrões sejam muito mais que questões formais que devem ser respeitadas. É realmente um núcleo duro, e se for tocado provoca reações muito fortes, é preciso entender isso para discuti-lo."

"Nós estamos em uma organização que é extraordinariamente liberal na hora de aceitar diferentes posições teóricas, e, ao mesmo tempo, extremadamente rígida na hora de aceitar a diversidade de práticas ligadas ao modo de conduzir a cura. Isso têm motivos históricos, devemos saber o que é que está em jogo para poder discutir inteligentemente".

"Considerando que todos somos IPA, é importante pensar se a IPA é uma espécie de panóptico que visibiliza e vigila o que se desenvolve como prática analítica nas diferentes regiões, ou podemos pensar que a IPA pode se transformar em uma caixa de repercussões das diversidades, não só teórica senão de desenho da prática."

"Que disto saia uma proposta latino-americana. Que na IPA saibam que na América Latina propomos, não seguimos apenas lineamentos."

Como nos implicamos na política institucional?

É na discussão, nunca na obediência, assim, a transmissão da psicanálise dá lugar ao pensamento crítico e criativo.

O debate foi uma posta em ação na qual foi possível manifestar as diferentes experiências, posições e controvérsias que ampliam a perspectiva de cada participante.

> *"Temos um antigo debate que se assenta em um posicionamento hegemônico que indica o bem-fazer. O que nós podemos responder como sociedades latino-americanas adultas?*
>
> *Não podemos desconhecer os aportes da nossa região."*

> *"A análise remota não pode ser excepcional. Para a IPA a análise remota parece continuar sendo considerada como algo excepcional.*
>
> *É imprescindível integrar a experiência transitada durante este tempo. Não é possível voltar atrás, aos lineamentos parecidos aos que já havia."*

> *"O modo de continuar trabalhando na combinação entre análise remota e presencial tem que ser uma característica que pode ser combinada entre analista e analisante, tendo em conta uma modalidade que com analistas em formação deu resultado.*
>
> *A partir da experiência destes últimos três anos, é claro que nao se trata de que cada um faça o que quiser, senão da confiança na responsabilidade dada aos analistas que*

> *conduzem as análises dos analistas em formação para discernir na singularidade de cada situação."*

Ficou muito clara a posição do conjunto dos assistentes: discutir, debater, concordar ou dar lugar à controvérsia, não seguir submissamente os lineamentos ou diretrizes institucionais.

> *"Desde a América Latina podemos propor e sermos firmes.*
>
> *Encontrar o campo dialógico onde se abram outras propostas.*
>
> *É importante trabalhar sobre os efeitos, sobre o que acontece com os fundamentos da psicanálise.*
>
> *Temos um antigo debate que se assenta em um posicionamento hegemônico que indica o bem-fazer*
>
> *O que nós podemos responder como sociedades latino-americanas adultas?*
>
> *Não podemos desconhecer os aportes da nossa região.*
>
> *Devemos estudar os efeitos dessas mudanças. Qual foi o efeito do que transitamos?"*

> *"Pensar no que concerne à política institucional, o que discutimos não é apenas uma posição latino-americana, senão que é preciso ter a tendência de imaginar e formalizar um modelo latino-americano de formação que possamos oferecer à IPA. Não só para defender uma posição, senão para propor decisões nas quais estamos envolvidos porque nós somos membros latino-americanos da IPA."*

"Quero chamar a atenção sobre um tema de que até agora só foi ventilado pelos analistas em formação.

O aspecto econômico. Ninguém mais falou sobre isso nos dias de hoje. Sobre a capacidade da análise remota para diminuir custos;

A omissão a respeito desse tema não põe em evidência o desinteresse que pode existir em quem que já terminou a sua formação ou tem um lugar garantido no mercado de trabalho?"

"A análise remota tem sido uma excelente possibilidade para tornar acessível o tratamento psicanalítico a uma população que, de outra maneira, não poderia ter acesso ao consultório de um psicanalista. Nem em todas as cidades é possível encontrá-los, há muitas pessoas com necessidade que não podem pagar as despesas de viagens frequentes. Agora temos zoom e isso é uma possibilidade para muitos".

"O que está em jogo é incluir a geografia em um diálogo constante com a psicanálise."

"Modificou-se o conceito de distância ótima que permite pensar como alojar o pulsional na tela. A ideia da presença física deu lugar também ao conceito de presencialidade, que muitos o tomaram como equivalente e o conceito de presencialidade, na minha opinião, abrange novas concepções sobre os corpos, mas também sobre o tempo e o espaço. Não se trata de salvar distâncias territoriais. Trata-se

> *de inventar novos modelos de aproximação e de alívio da angústia."*

No intercâmbio intergeracional e intersocietário foi posto em ação a participação crítica, analítica e propositiva de membros e analistas em formação de toda a América Latina diante de um tema que diz respeito a todos nós: o desejo de uma democratização nas nossas instituições, o que implica considerar as possibilidades agora mais próximas de realizar a formação psicanalítica para aqueles que por questões de inacessibilidade geográfica estava vedada. Situação muito substantiva na América Latina em relação à numerosa migração existente. São muitos os depoimentos de membros e analistas em formação que puderam continuar vinculados ao trabalho das suas sociedades a qual pertencem graças à possibilidade do trabalho remoto.

Então:

- Receber lineamentos desde uma lógica vertical? ou
- Receber lineamentos para serem discutidos, pensados, combinados?

A democratização no campo da instituição implica a possibilidade de que os temas que dizem respeito a todos, possam ser debatidos de modo aberto e inclusivo.

A participação dos analistas em formação nestes debates é extremadamente valiosa. "Não só somos pensadores do futuro, também somos pensadores no presente", destacou claramente uma das participantes.

É claro que pensar a democratização em algumas instituições psicanalíticas pode gerar resistências pois implica mudanças em dinâmicas de poder que, também dentro dos institutos de psicanálise, costumam ser o centro de muitos mal-estares.

A democratização neste debate refletiu-se na possibilidade de incidir e nos implicarmos em políticas institucionais.

No que se refere à *democratização da* psicanálise, há muitas linhas de reflexão, mas visamos ao que concerne ao tema do trabalho remoto na formação psicanalítica, dado que o tripé remoto passou a acessível para muitos aspirantes poderem se formar como analistas. Quer seja porque geograficamente estão em lugares onde não há institutos, ou porque na velocidade das grandes cidades o trabalho deixa pouca margem de tempo para transladar-se ao consultório e vice-versa. O tempo é cada vez mais privilégio de poucos.

Pode a psicanálise deixar de ser uma prática elitista?

É desejável que assim seja, especialmente em um tempo que a psicanálise é tão necessária diante dos mal-estares da cultura contemporânea.

A análise remota tem interpelado à psicanálise desde as considerações metapsicológicas, desenvolvimentos teóricos e técnicos. Como tem sido evidente é na sua vinculação com a instituição, com as suas políticas, com os fundamentos destas e com o que está em jogo entre o instituído e o instituinte que nos deparamos com novos desafios.

E entre o instituído e o instituinte é de grande importância pensar nos efeitos subjetivantes que provém das políticas institucionais na transmissão da psicanálise.

> *"Necessitamos entender que a IPA não é uma entidade que nos coloniza, fazemos parte e temos voz. Temos que fazer com que a voz dos membros latino-americanos seja escutada.*
>
> *O grupo de trabalho da API "Psicanálise em Tempos Contemporâneos" está investigando a posição das sociedades do mundo".*

"Temos duas propostas: uma é o científico em relação se a análise remota funciona ou não na formação psicanalítica, a outra diz respeito à política institucional.

O que está em questão parece ser um tema de identidade psicanalítica em relação com a legitimação institucional".

"O que temos que discutir é se o que nos une é o apego a certos padrões ou o apego a certos princípios."

"É importante ter uma participação nestas discussões. Reconhecer que às vezes optamos por uma posição apática ou conformista."

"Este lineamento da IPA atrasa porque impõe o anterior.

É importante ver o resultado desta experiência com o tripé remoto. Voltar ao anterior é desconhecê-la. É preocupante dentro de um movimento psicanalítico"

"É auspicioso contar com marcos como este debate, para processar as novidades do último tempo ao redor das formas de praticar a experiência analítica"

Psicanálise tropical

Essa denominação sugerida pela Organização de Psicanalista em Formação da América Latina (OCAL) nos faz lembrar o Manifesto Antropofágico proposto por Oswald de Andrade, no ano de 1928, que pretendia acabar com o sentimento de inferioridade e de admiração pela cultura europeia. Devorar os valores, não para desprezá-los, mas sim incorporá-los de acordo a nossa realidade.

A Ocal solicitou aos seus membros que enviassem comentários e sugestões para o debate.

Escutamos os analistas em formação:

> *"Estamos conscientes e valorizando o fato de que a pandemia mudou a maneira de trabalhar e que não podemos voltar no mesmo ponto."*

> *"A introdução da análise on-line foi uma surpresa, percebemos que é possível.*
>
> *A maioria tinha resistência e todos aceitamos e vimos que funciona. O que não sabemos dizer são os efeitos na transmissão da psicanálise. "*

> *"Entendemos que as dúvidas, questionamentos, incertezas, resistências à análise on-line podem e devem incentivar novos desenvolvimentos no campo da clínica e da metapsicologia, sempre que se abandonarem posições dogmáticas, acadêmicas e de submissão acrítica diante dos ditames que muitas vezes se infiltram empobrecendo a transmissão da psicanálise".*

> *"Desconhecer os efeitos que sobre os processos de subjetivação tiveram as mudanças políticas, sociais, culturais e econômicas, como também desconhecer a riqueza do trabalho na comunidade e na universidade, que podem aportar à*

formação de jovens analistas na medida que são espaços que abrem o diálogo e o enriquecimento interdisciplinar.

Por acaso este desconhecimento não implica manter espaços endogâmicos expostos a uma repetição mimetizadora que deixa de fora e dá as costas aos mal-estares do nosso tempo que, pela sua vez, coloca-nos diante do futuro dos nossos institutos?"

"É importante destacar o que favorece a ampliar as possibilidades de atenção, e inclusive de formação psicanalítica aos setores da população que ficaram excluídos por razões econômicas ou geográficas. Especialmente em um tempo que a psicanálise é requerida em âmbitos em que o sofrimento convoca a prestar atenção e sair de uma prática elitista. Isto faz parte de um processo de democratização."

"A América Latina tem um movimento multicultural, diversidade de etnias que marcam nossas identidades. Estamos trabalhando sobre diversidades e exclusões nas nossas sociedades. Por isso, temos muita experiência com trabalhos clínicos que foram levados a cabo pelo virtual, telefônico, Skype, desde o tratamento ambulatório em hospitais. Temos experiências muito ricas e talvez não sejam tecnicamente ortodoxas, mas são criativas e nos dão a força de nos sentirmos psicanalistas".

"É importante questionar o lugar desde onde se fala tendo em conta as raízes dos seus lugares de pertencimento".

"Dizer "isto se faz assim" implica um autoritarismo, é um sintoma sério de uma instituição.

Isto nos deve fazer questionar que há problemas políticos de base que podemos encarar à medida em que os componentes de distintas regiões possamos nos escutar".

"É necessário que possamos avançar na perspectiva que aloje diversidades teóricas, mas também de práticas.

Pensar a respeito da excepcionalidade é problemático. Essa noção é pressuposta sob um manto de flexibilidade, conservar a noção de norma. Quem consente uma exceção, arroga-se a tolerar o que se considera a norma a seguir".

"Pouco se fala das normas éticas. Pouco se fala disso e pouco se transita reflexivamente".

Três anos sem regras

Durante três anos se confiou aos analistas didatas e aos institutos o discernimento sobre a maneira de trabalhar e, sobretudo, as decisões em torno à direção da cura.

Não é essa confiança na responsabilidade ética e na liberdade de discernir no exercício da função analítica um elemento implícito em analistas que transmitem a psicanálise e exercem a função didática?

Portanto, no entrecruzamento da clínica com a política institucional, a questão de estabelecer alguns acordos mínimos que fizeram parte de um processo de investigações, diálogos, controvérsias e procura de consensos internacionais sobre um tema que nos concerne a todos.

> *"Fui pioneiro da Psicanálise na América Latina e, após um longo percorrido de muitas décadas, posso propor que temos que deixar de lado o medo ao establishment e apoiar a psicanálise criativa. Senão corremos o risco do anacronismo".*

> *"Esta possibilidade que foi aberta à virtualidade cem por cento não só manteve vital o tripé, também um crescimento enorme".*

> *"Não basta tomar a análise remota como exceção. Existem transformações enormes na vida, atravessada cada vez mais pelos avanços da ciência e da tecnologia e não podemos dar as costas a isso".*

Institutos, o instituinte e o instituído

Indubitavelmente em todos os institutos se compartilha a preocupação da Associação Psicanalítica Internacional (API) em manter a qualidade da formação psicanalítica. O trabalho profundo levado a cabo na Fepal, assim como na OCAL, dá conta deste interesse, não só para encontrar a maneira de continuar a formação psicanalítica de modo remoto, senão também no que diz respeito às atividades científicas para aprofundar este tema. Neste sentido, foi muito importante partir da experiência da nossa região e dar lugar ao trabalho destes quatro anos *dentro* e *entre* os nossos institutos. Trabalho dos que foram partícipes, como viemos dando depoimento, membros e analistas em formação de toda a América Latina que podem aportar muito aos debates com outras regiões da API.

> *"Na pandemia a análise remota serviu como tábua de salvação. Podemos continuar de modo permanente nessa*

tábua. É conveniente? A análise remota tem o risco da perda de intimidade. É importante considerar que a análise fica subordinada a um sistema técnico que não depende do analista e do analisante. Entram outros fatores. É um risco que não podemos esquecer. Nos países com democracias fracas é um risco importante

Analisaríamos remotamente nas ditaduras? Correndo o risco de que isso caísse nas mãos de alguém?

Um hacker desfaria em pedaços todo o sistema em cinco minutos"

"Outro questionamento que não escutei é o tema ecológico.

É um tema que é deixado de lado e que esquecemos. Tudo isto das mobilidades nos abre caminho com as novas gerações. As pessoas agora trabalham de outra maneira home office, pessoas que por trabalho viajam frequentemente. Nós, os psicanalistas, não podemos ficar à margem das mudanças. É importante ter em conta mudanças na sociedade e nas novas gerações. É importante sermos vigentes.

Já provamos que a análise remota sim funciona, tem que seguir estudando e depurando".

"Todos somos API, é muito bom que na América Latina se possa debater desta maneira, que estejamos juntos para dialogar, conciliar o mais possível o que pode ser mais benéfico para todos. Difícil é conciliar devido às diferenças tão enormes entre as regiões"

Nosso triple pertencimento instituicional

Como nos implicamos na instituição da qual fazemos parte? Em que se baseia o nosso pertencimento em termos de filiação? Qual o tema dos lineamentos que se tornou tão polêmico na procura de padronizações que, ainda mínimas, parecem em si mesmas sustentar a identidade institucional?

Chama a atenção a maneira que se faz referência à API, como se fosse algo distante, como se estivesse implícito algo alheio.

Não é estranho?

Os membros somos API. Neste caso, os membros latino-americanos da API.

Fazer parte da API, fazer parte da Fepal e fazer parte da sociedade de pertencimento, articulam-se em uma identidade institucional em que as diferenças complexificam a unidade e, de fato, podem enriquecê-la.

Posicionamento latino-americano, um ponto de chegada...

Como conclusão de todas as atividades que foram sendo desenvolvidas e com o empurrão entusiasta que significou o debate aberto, surgiu a proposta de um Posicionamento Latino-americano a respeito do trabalho remoto na formação psicanalítica. Este posicionamento consiste em dar lugar à diversidade de contextos, necessidades e perspectivas dos distintos Institutos da América Latina.

Em relação ao trabalho remoto, constatamos situações totalmente antagônicas. Por exemplo: enquanto há institutos que por ter pouco número de analistas, ou problemas de endogamia que foram manifestados, veem na análise on-line a possibilidade de que seus membros sejam analisados por colegas de outras sociedades, enquanto, ao mesmo tempo, outros institutos veem isto como uma ameaça à conquista da consolidação de uma identidade societária.

Existem outros institutos que devido à forte necessidade de migração têm na possibilidade do trabalho remoto a forma de dar continuidade ao pertencimento ativo nos seus institutos.

Estes são somente alguns exemplos de situações que precisam ser consideradas.

Escutamos que em alguns institutos se considera desejável para a formação psicanalítica que os analistas em formação possam contar com as duas experiências: analisar-se e analisar de modo presencial e remoto, a fim de habilitar-se em dois modos de trabalho analítico, considerando que a análise on-line é cada vez mais solicitada nestes dias.

Então, com o propósito de dar lugar a distintas perspectivas, e com a convicção de que as diferenças complexificam a unidade, e de fato podem enriquecê-la, é que foi tomando forma uma proposta de Posicionamento Latino-americano que propõe a autonomia dos institutos para regulamentar e instruir sobre o tripé remoto de acordo com as suas próprias encruzilhadas, considerando a exogamia como um posicionamento inerente à própria psicanálise.

A pergunta em questão é:

- Realmente se pode sustentar cientificamente que os analistas formados com diferentes porcentagens de análise on-line, ou ainda na sua totalidade, teriam recebido uma análise de "menor" qualidade de quem se analisa de modo cem por cento presencial?
- Alguém pode sustentar isto?
- Alguém poderia se arrogar o poder de determinar uma garantia de eficiência analítica, baseada em algum tipo de enquadre?

5. Autonomia-democratização-exogamia na transmissão e formação psicanalítica

Ana María Chabalgoity

Tomando como ponto de partida o que surgiu nos últimos três anos nos diversos encontros organizados pela Comissão de Formação e Transmissão da Psicanálise da Fepal, assim como em seus diálogos preparatórios e nas reflexões posteriores, delineamos certos itens que se tornaram eixos organizadores para a proposta de um Posicionamento Latino-Americano. Partindo das controvérsias em torno do trabalho remoto na formação psicanalítica, esse posicionamento deu espaço para importantes discussões sobre aspectos centrais na política institucional vinculados à formação psicanalítica.

Foi em um exercício democrático que deu voz a múltiplas perspectivas de analistas e analistas em formação de nossa região, que se propôs refletir sobre os significantes: Democracia, Autonomia e Exogamia na formação psicanalítica. Em encontros sucessivos e muito entusiásticos, foram levantados e propostos ao debate interessantes questionamentos. Destacamos o XXII Encontro Aberto de Institutos (2023), no qual as implicações desses itens no âmbito institucional foram debatidas em profundidade.

Alguns dos questionamentos foram:

- Nossas instituições são democráticas?

- Como definimos a democracia, considerando que nas instituições psicanalíticas as trocas se sustentam em transferências que implicam circulação, ou não, de poder/saber?
- O que a exogamia acrescenta à formação psicanalítica?
- Qual é a dose de autonomia possível nos institutos de formação?

De maneira geral, foi colocado que um clima de autonomia, democratização e exogamia contribui favoravelmente para o ambiente institucional, influenciando positivamente os processos formativos. A dinâmica particular dos ambientes institucionais, onde o instituído e o instituinte estão em permanente tensão, caracteriza-se também pela assimetria e pelo entrecruzamento de múltiplas transferências que se condicionam mutuamente, sustentando complexidades inerentes ao processo.

Por sua vez, os apresentamos como atitudes e posicionamentos necessários para que a transmissão da teoria e prática psicanalítica ocorra a partir de outros parâmetros, em prol do futuro da formação psicanalítica.

Como pensar a Autonomia, Democratização e Exogamia aplicadas ao campo da análise didática, da supervisão e dos seminários? Nossos modelos de transmissão sustentam um princípio de autoridade ou de autoritarismo? Possibilitam o pensamento crítico e criativo? Como pensar a inclusão e a exclusão que ocorre em nossos institutos, apenas pelo fato da seleção de seus integrantes para admissão?

Quem tem acesso a uma formação que é elitista tanto do ponto de vista econômico quanto por razões de distâncias geográficas, já que os institutos estão localizados nas capitais ou em algumas poucas cidades importantes de cada país? Qual é a realidade dos institutos agrupados na Fepal, tanto de forma particular quanto geral, em torno a esses postulados?

E em sua relação com a IPA? Propomos nos deter em cada um desses itens e entrelaçar nossas perspectivas junto à diversidade de posições que, com esses fins, se fizeram ouvir no XXII Encontro Aberto de Institutos, que contou com a participação de integrantes dos Institutos da Fepal (não apenas de seus Diretores), da OCAL e do ILAP.

Democratização

A democracia, enquanto conceito, provém do campo teórico-político; é extrapolável ao terreno psicanalítico ou deveríamos falar mais propriamente de horizontalidade? Como pensar isso na trama de uma formação institucional atravessada pelo entrecruzamento de múltiplas transferências, na medida em que ela implica, entre outras coisas, certa dose de idealização e de sustentação de relações assimétricas? Nossas instituições, assim concebidas, permitem a circulação de um poder-saber que sabemos ser indissociáveis? Como relacionar o saber epistêmico com o não-saber ou saber do inconsciente, reconhecendo que essa ligação interpela tanto a ética quanto o posicionamento político na psicanálise? É a partir dessa distinção que concebemos que a psicanálise se transmite, não se ensina. É imprescindível nos questionarmos sobre como é o modo de transmissão em nossas instituições. Não é o mesmo basear-se em uma autoridade, em uma lei simbólica, que dá lugar ao outro, promovendo o crescimento e a criatividade, do que apoiar um autoritarismo no qual se afirma e se fortalece uma assimetria alienante. A circulação do poder-saber em transferência carrega o risco de que a assimetria inerente possa induzir adesões que conduzem à submissão e atentam contra a criatividade imprescindível para todo pensamento analítico.

Trata-se, então, de advertir e trabalhar, desde o analista, professor ou supervisor que conduz a transferência, essa frágil linha entre o amor de transferência e a paixão de transferência. Trata-se do poder da palavra e não de um sujeito sobre o outro. Acreditamos que a participação ativa em todos os estratos da organização institucional por parte de todos os membros e candidatos, desde o início da formação, permite uma troca que favorece o diálogo, no qual podem ser expressas discrepâncias e concordâncias, bem como o debate de novas propostas. Essa troca é indispensável para conceber a formação psicanalítica como um ato que tende a fazer circular a informação e a participação do saber-poder. Essa é uma forma possível de democratizar a formação.

Por outro lado, cabe ressaltar que a democratização no campo da instituição e suas políticas registrou uma mudança substancial com as possibilidades de comunicação remota nos três campos do tripé. O virtual torna acessível a experiência analítica e a formação para setores da população que antes não podiam se aproximar. Às vezes, nem mesmo conhecê-la, seja porque geograficamente estão em locais onde não há institutos ou nem sequer analistas, ou porque, na velocidade das grandes cidades, o trabalho deixa pouco tempo disponível para se deslocar ao consultório e vice-versa. O tempo é cada vez mais um privilégio de poucos.

Poderá a psicanálise deixar de ser uma prática elitista, incorporando novas modalidades? Também seria adequado falar sobre qual atitude tomar diante da desigualdade social e como isso impacta em nossas instituições, na medida em que as exigências econômicas que a formação demanda restringem o acesso de muitos aspirantes. Falar de democratização também significa atender e considerar os diferentes contextos socioeconômicos e culturais que coexistem na América Latina. Ouvir os excluídos dos institutos, de nossas instituições, é dar voz ao racismo, à "negritude", à "branquitude", à não integração dos povos originários, aos marginalizados que permanecem nos limites do tecido social. Como não continuar insistindo em reflexões, pensamentos, denúncias e alcançar ações específicas que impliquem ajustes nas formas de formação, de acordo com as diferentes realidades? Essa é a essência de uma posição latino-americana: uma ação que permita superar os mandatos colonizadores que introjetamos. Implica pesquisa e debate permanente, como o que tentamos promover, para que as determinações políticas tenham sua raiz na clínica, levando em conta a especificidade do seu contexto. No nosso caso, o contexto sociocultural, político, econômico e geográfico no qual nossa práxis está inserida, que é diferente em cada região ou país. Para alcançar uma democratização da psicanálise, será necessário sustentar uma elasticidade saudável que permita ajustes artesanais que respeitem as singularidades. Lembremos que a contradição entre tradição-pertencimento e inovação, permanecendo no pertencimento, é fonte de tensões e conflitos que nos mergulham na complexidade da formação.

Autonomia

A autonomia tem por definição um ponto de impossível, pois sempre estamos sujeitos a um Outro. A questão é: que relação estabelecemos com esse Outro, no nosso caso, a IPA, como reguladora universal das políticas às quais aderimos? O que entendemos por autonomia? É o "vale tudo" ou implica uma forma de não ficarmos submetidos a padrões universais que recebemos, ao poder questioná-los e interpelá-los? Consideramos a autonomia em relação aos planos de formação, que podem ser formulados de acordo com as possibilidades socioculturais de cada instituto. Habilitar e sustentar a confiança no que cada Instituição molda conforme suas especificidades, mantendo uma regulamentação mínima que funcione como núcleo organizador e com certo grau de coesão para sua membresia.

A autonomia que temos praticado é uma autonomia "de fato" e não "de direito". Torna-se imperativo "legalizá-la", "autorizá-la", para tentar superar os aspectos transgressores que alimentam um lado de perversão e psicopatia que costumamos encontrar. Desse modo, e de forma muito geral, a proposta aponta para a margem de autonomia dos institutos, de modo que cada um deles possa ter confiança no discernimento sobre o trabalho remoto em cada um dos eixos do tripé da formação, estabelecendo os acordos que considerem necessários dentro de cada instituto. Trata-se de uma autonomia que sustente a trama de vínculos societários dentro da própria região e com outras regiões da IPA. Ser parte da IPA, ser parte da Fepal e ser parte da sociedade de pertencimento se articulam em uma identidade institucional na qual as diferenças complexificam a unidade, e de fato podem enriquecê-la.

Exogamia

A exogamia, a autonomia, a democratização têm várias facetas que precisam ser aprofundadas em suas possibilidades de gerar mudanças. Pois bem, durante a pandemia, o trabalho remoto imposto no tripé transformou muros em fronteiras ricas, a partir das quais foram construídas pontes que conectam analistas de diferentes latitudes, possibilitando uma formação psicanalítica mais alinhada aos diversos contextos culturais e dando espaço para escolhas regidas por transferências, com o saldo exogâmico que isso implica. Temos países e instituições de tamanhos muito diversos em termos de número de membros e de suas possibilidades de participação e divulgação por questões econômicas. Como evitar que a circulação favoreça apenas um lado, ignorando os agrupamentos minoritários ou com menos recursos?

Assim como o remoto, a necessidade da exogamia na formação é resistida por alguns colegas.. Essas resistências revelam a necessidade de investigar e conhecer mais sobre esses novos enquadres habilitados a partir do institucional. Aqui é necessário admitir as diferenças que envolvem as distintas presencialidades (corpo virtual-corpo material), assim como as diferenças nas formações exclusivamente endogâmicas, ou apenas exogâmicas, ou mistas. Há muito a aprender nessa dimensão que está sendo instituída, ouvindo as divergências para debater essas modalidades formativas que diferem das tradicionalmente admitidas.

Nesse ponto, é importante destacar que o uso da virtualidade em nosso campo é possível graças, e fundamentalmente, às amplas possibilidades do método analítico. Quais são os efeitos disso no decorrer da formação psicanalítica? Ou, melhor dizendo, na formação permanente a que nos convoca o encontro com o diferente?

Por outro lado, ao pensar na infiltração dos aspectos dogmáticos e acadêmicos na formação, é preciso repensar a transmissão teórica nos seminários. Ela acontece permitindo uma participação questionadora e crítica? Permanência ou mudança? A proposta de abertura de fronteiras que vem sendo levada adiante pela Organização de Candidatos da América Latina, OCAL, à qual quase todos os Institutos da Fepal aderiram, é um exemplo que vale a pena considerar. Desde 2021, os analistas em formação podem realizar seminários virtuais em outros Institutos, mesmo em países distantes. É notável que, embora esses seminários não sejam considerados nas currículas pertinentes (questão que deveríamos abordar), a iniciativa, no entanto, teve muita repercussão, mostrando o fervoroso interesse em ampliar as fronteiras dos analistas em formação. Pouco a pouco, vai-se delineando uma via de resolução, não apenas pela possibilidade de completar o tripé de formação de maneira remota, mas também porque muitas associações permitiram a escolha de supervisores de outras. Dessa forma, a exogamia na formação psicanalítica favorece posicionamentos mais psicanalíticos na clínica de cada um.

Podemos continuar sustentando um modelo baseado no tripé ou é necessário pensar que ele está se tornando mais complexo e que é imprescindível um apoio em cinco pilares, onde se soma a participação ativa na interna de cada instituto, assim como o intercâmbio permanente com outras instituições, tanto da Fepal quanto da IPA, para dar lugar a um certo reconhecimento de que "o mundo é vasto e alheio", como disse Ciro Alegría (escritor peruano) no livro que leva esse título (1941).

Para finalizar este capítulo, que pretende comunicar algumas das ideias que vêm circulando nos diferentes encontros e na interna da Comissão, acreditamos ser fundamental lembrar a expressão "gatopardesca" (da novela *Il Gattopardo*, de Giuseppe Tomasi di Lampedusa, 1958), "vamos mudar algo para que tudo continue igual". Consideramos isso um alerta sobre o perigo de que esse posicionamento latino-americano seja reduzido apenas a um discurso, a belas palavras ou propostas que são ouvidas... às vezes elogiadas ou criticadas, mas que não ganham o relevo de uma ação, dando lugar ao diferente, a uma mudança genuína, com fatos que lhe deem sustentação.

6. Transmissão psicanalítica na América Latina: algumas considerações sob a perspectiva de um analista em formação

Gabriel Rivera Constanzo

No presente escrito, abordo uma apreciação pessoal do que foi a experiência em transitar a formação psicanalítica, quando ingressei, no ano de 2017, no Instituto de Psicanálise da Associação Psicanalítica Chilena, APCh. Baseio-me na minha experiência pessoal e em inquietudes que coletei com meus diferentes colegas e com os colegas latino-americanos ao longo desses anos, por intermédio da minha participação na gestão da Organização de Candidatos da América Latina (OCAL) 2020-2022, na sua Secretaria Científica; na gestão desta organização no período de 2022-2024, na vice-presidência; além da minha participação como membro convidado na Comissão de Formação e Transmissão da Psicanálise da Fepal nos últimos quase três anos. A abordagem é a título pessoal, com a qual o leitor/leitora poderá concordar ou discordar, acrescentar ou recortar, embora ao que me proponho apresentar origine reflexões e, sobretudo, ideias que poderiam chegar a se manifestar em propostas para o benefício da transmissão psicanalítica na América Latina, o objetivo de escrever estas palavras terá sido cumprido.

Em julho de 2021, integrei-me a Comissão de Formação e Transmissão da Psicanálise da Fepal. Naquela época fazia parte da Secretaria Científica da OCAL. A Comissão convidou, pela diretoria da OCAL, um analista em formação para participar como enlace entre os seus integrantes e os candidatos, com a ideia que não era lógico trabalhar em torno à transmissão psicanalítica sem dar lugar à voz ativa dos analistas em formação. Aceitei participar estando no quarto ano de formação e com as minhas duas supervisões oficiais, já fazia determinado tempo que estava na diretoria da OCAL, e havia criado vínculos com diferentes colegas latino-americanos por intermédio desta mesma implicação. Pensei que a minha visão e o que pudesse coletar dos meus colegas poderia ser um valioso aporte para o trabalho da Comissão. Mesmo que também, na verdade, pensei que a minha participação seria de certa forma testemunhal, sem ter muito impacto. Estava um pouco apreensivo em participar de reuniões com psicanalistas latino-americanos com vasta experiência, didatas e supervisores. Achei que não seria muito valorizado devido a minha posição, e era apenas para validar uma forma de inclusão. Equivoquei-me. Comecei a participar de um grupo muito motivado e dinâmico, no qual me senti integrado desde o primeiro momento. Naquele tempo se estava organizando o XXI Encontro de Institutos, que seria de maneira remota devido ao contexto sanitário do período. Neste encontro tive a possibilidade e a honra de participar em um diálogo com Adrianna Prengler, vice-presidente da IPA naquele momento, para apresentar diversas inquietudes que convocavam aos analistas em formação. Fui estruturando aquela mesa em três momentos da formação: antes e no início da formação, no trânsito propriamente dito, e no final da formação, com as diversas problemáticas percebidas em cada etapa. Neste escrito quero propor a mesma estrutura para desenvolver algumas ideias em torno a cada momento no transcurso da formação psicanalítica.

Antes de continuar com a proposta gostaria de mencionar que o trabalho na Comissão foi árduo, constante e dinâmico. Desde a nossa perspectiva como OCAL, estamos agradecidos pela possibilidade de termos sido verdadeiramente levados em consideração, e de participar ativamente nos movimentos, atividades e reflexões impulsionadas pela Comissão.

Início

Iniciar a formação psicanalítica é uma decisão transcendental. Previamente ao ingressar a algum dos nossos institutos se possui pouca noção das implicâncias vitais e das transformações que acontecerão em cada pessoa que abraça a psicanálise como modo de vida. Geralmente é uma decisão que leva tempo e, além da proximidade ou não com a psicanálise, pensa-se como uma possibilidade e etapa de especialização para se transformar em um psicanalista competente no âmbito do trabalho. Muitos colegas optam pela formação psicanalítica como uma maneira de aprofundar-se para que lhes ajude a tratar de maneira mais profunda e da melhor forma aos seus pacientes. Não se tem cabal noção da forma em que se transformará a maneira de perceber o mundo, as relações com os outros e consigo mesmo, de adquirir uma nova linguagem que permita transitar entre o manifesto e o latente, entre o concreto e o simbólico, em que se irá incorporando uma identidade psicanalítica, que irá se transformando ao longo da própria existência. Não é um processo que culmina com os anos de formação institucional, mas que se desenvolve durante toda a vida.

Neste momento vislumbro um item que pode levar a determinados questionamentos. Tem a ver com a acessibilidade aos diferentes institutos de formação ligados à API. Sabe-se que a nossa formação tem uma característica de elitismo e a qual, geralmente, tem acesso um setor exclusivo da população, com um nível socioeconômico um pouco alto que permita enfrentar o elevado custo que implica precisamente transitar a formação. Que, embora seja possível e existam taxas referenciais, isto continua sendo alto para uma grande maioria das pessoas que poderiam se interessar em ter acesso a uma formação psicanalítica institucional. Em praticamente todos os países da América Latina apenas 1% da população pode ingressar e manter-se nos institutos. Penso que este fato cria uma barreira e um obstáculo de entrada, no sentido de que muitos profissionais que gostariam de se formar nos nossos institutos, desistiram previamente de se candidatar em só se interiorizar dos altos custos que implica, mesmo que existam apoios institucionais. Percebe-se, em geral, uma baixa na quantidade de postulantes e de ingressos à formação, dando a entender que a psicanálise não desperta maior interesse, mas, pelo contrário, é notável que desperte grande interesse, não nas nossas instituições senão nas modalidades mais curtas e de menor custo. É uma questão que convida a pensar também no caráter de diversidade nas nossas associações. Se apenas tem acesso um grupo específico da população é menor a possibilidade de dar lugar a uma formação mais diversa e de acesso mais equitativo. Percebemos que um grupo de bom nível socioeconômico pode aceder à formação psicanalítica e realizar tratamentos a um grupo com bom nível socioeconômico para poder enfrentar o elevado custo da formação, em uma espécie de endogamia social que, pensamos, pode empobrecer à própria formação. Não cabe a menor dúvida que a formação psicanalítica não representa a generalidade e diversidade da população na América Latina, senão a uma elite.

Felizmente começou a se desenvolver experiências que podem ser interessantes e que poderiam configurar-se em outros institutos. É assim como no Brasil existem atualmente três sociedades que oferecem bolsas de estudos gratuitas para que os colegas da raça negra se formem psicanaliticamente: a Sociedade Brasileira de Psicanálise de Porto Alegre, (SBPdePA), Sociedade Brasileira de Psicanálise do Rio de Janeiro (SBPdeRJ), Sociedade Brasileira de Psicanálise de Ribeirão Preto (SBPRP). Não poderia ser esta uma forma de diversificar a acessibilidade aos nossos institutos? Em que cada instituto possa dispor de um número de bolsas de estudo para pessoas que realmente têm dificuldades econômicas e, que, pela sua vez, demostrem uma vocação psicanalítica. Inclusive mais adiante que as pessoas beneficiadas se comprometam em oferecer bolsas, por exemplo, na análise de candidatos jovens, e que, ao longo dos anos, se possa criar uma rede que possibilite ampliar e diversificar a psicanálise de uma maneira que esteja mais de acordo com a nossa realidade latino-americana.

Outra dificuldade para iniciar a formação psicanalítica tem relação com a acessibilidade em termos geográficos. Em uma região caracterizada pela sua diversidade geográfica e socioeconômica o acesso aos programas de formação em psicanálise pode ser limitado e desigual. As instituições se concentram, principalmente, nas grandes cidades deixando poucas opções para os interessados que vivem longe destas. Neste item o apoio de ferramentas tecnológicas pode ter um impacto importante em termos de acessibilidade para aqueles colegas que devem fazer longas viagens, e assumir uma maior carga financeira adicional.

Trânsito

São três os modelos de formação psicanalítica aprovados pela IPA: Eitingon, Uruguaio e Francês. Na América Latina predominam nos institutos de formação os modelos Eitingon e Uruguaio. Com algumas diferenças de ênfase, todos constituem o tripé de seminários teóricos, análise pessoal e a supervisão dos chamados "casos controle" como eixo central para a formação de, espera-se, um psicanalista competente. Antes de iniciar a formação, e no seu transcurso, não são poucos os colegas que desconhecem que seu instituto adscreve a um modelo de formação que assenta as bases da sua organização.

Em relação aos seminários teóricos existe consenso, em geral, que são valiosos no estudo das diferentes teorias que diz respeito à psicanálise. Existem algumas diferenças na maneira de organizar a estrutura dos seminários. Há institutos que têm uma grade curricular estruturada, outros uma grade curricular que oferece uma modalidade mais flexível. Alguns se organizam a partir de cursos em se que mantêm a mesma geração de candidatos ao longo da formação. Outros constituem os seminários de acordo com o interesse de cada candidato, sem uma estrutura de curso, mas sim com um sistema de créditos.

A psicanálise, como disciplina, arraigou-se na América Latina com uma história rica e diversa. Entretanto, ao pensar a formação e transmissão dos seus conhecimentos, especialmente por intermédio dos seminários teóricos, surgiram várias problemáticas importantes que merecem atenção e reflexão:

- Diversidade teórica: um dos desafios mais notáveis nos programas de formação psicanalítica na América Latina tem relação com a diversidade teórica nos seminários teóricos. Dependendo do instituto e da sociedade psicanalítica, estes seminários são, em geral, dominados por uma perspectiva teórica particular ou por uma escola de pensamento, o que limita a exposição dos analistas em formação para outras correntes da psicanálise. Esta falta de diversidade pode prejudicar e reduzir a amplitude da sua formação e restringir a sua capacidade para desenvolver um enfoque integrador e crítico. Consideramos que é fundamental promover a diversidade teórica nos programas de formação. Isso pode ser conseguido pela inclusão de professores de diferentes correntes psicanalíticas, como também a integração de leituras e debates que abordem uma variedade de perspectivas teóricas. Expor os analistas em formação a uma gama mais ampla de ideias, equipando-os para que possam compreender melhor a complexidade da psicanálise e desenvolver seu próprio enfoque clínico.

- Hierarquias rígidas e falta de horizontalidade: uma problemática importante que os colegas mencionam durante a formação é a presença de hierarquias rígidas e a falta de horizontalidade nos seminários teóricos. Em alguns contextos, os seminários podem estar marcados por estruturas especialmente hierárquicas, nas quais os professores têm um papel predominante e os candidatos têm poucas possibilidades de participar ativamente do processo formativo. Isto pode obstaculizar o desenvolvimento de um ambiente colaborativo, propício para a transmissão e a livre expressão de ideias por parte dos candidatos. É essencial incentivar um ambiente mais horizontal e participativo. Isso se poderia conseguir pela criação de espaços para o intercâmbio de experiências clínicas entre pares, organização de grupos de estudo dirigidos por candidatos, e inclusão de avaliações formativas que valorizem a participação ativa dos candidatos. Ao fazer isso, se empoderam os analistas em formação para que assumam um papel mais ativo no seu processo de devir psicanalistas e se promove uma cultura de colaboração.
- Falta de atenção à diversidade cultural: outra problemática percebida é a falta de atenção à diversidade cultural nos programas de formação psicanalítica. Frequentemente, privilegia-se uma perspectiva eurocêntrica, o que pode ignorar as particularidades culturais e sócio históricas da nossa própria região. Isto pode levar a uma falta de sensibilidade às diferenças culturais na prática clínica e limitar a capacidade dos psicanalistas em formação para compreender e tratar adequadamente as experiências dos seus pacientes. É fundamental integrar a sensibilidade cultural nos programas de formação. Isto pode abranger a inclusão de conteúdos que tratem das dimensões culturais na teoria e na prática psicanalítica na comunidade, como também na formação em

competência cultural para que os futuros psicanalistas possam trabalhar de maneira efetiva com pacientes de diversos contextos socioculturais. Ao fazer isto, promove-se uma prática clínica mais inclusiva e culturalmente sensível.

- Limitações na integração de avanços contemporâneos: em alguns casos, os programas de formação podem ficar atrasados no ensino de conceitos e enfoques psicanalíticos mais contemporâneos, o que pode limitar a capacidade dos candidatos para se manterem atualizados e desenvolver uma prática clínica informada e relevante. É crucial atualizar o conteúdo teórico dos seminários e manter-se em dia com os avanços e debates contemporâneos no campo da psicanálise. Isto implica a revisão contínua do conteúdo dos seminários teóricos, a incorporação de novas investigações e enfoques teóricos, além da participação em atividades de desenvolvimento profissional para manter os formadores e os candidatos de modo igual. Ao fazer isto, se investe para que os analistas em formação estejam equipados com as ferramentas necessárias para enfrentar os desafios clínicos e teóricos em um mundo em constante mudança e evolução.

Em relação às análises didáticas existe consenso sobre a importância da análise pessoal no processo formativo, e também na relevância da alta frequência de sessões, que em alguns institutos são três sessões semanais, como mínimo; em outros institutos são quatro sessões por semana, como mínimo. Origina discussão o elevado custo econômico que isto implica que, mesmo que existam taxas referenciais, continua sendo um custo alto. É a queixa mais frequente entre os candidatos de diferentes países de maneira transversal.

Uma questão que gera controvérsia tem relação com a escolha do analista didata. Especialmente nas instituições com tamanho médio ou menores nas quais a quantidade de psicanalistas que detêm a função didática é menor aos das sociedades maiores. Costuma acontecer que o analista em formação tem de se adaptar aos psicanalistas disponíveis, nos quais se vê restringida a possibilidade de optar livremente para ter acesso a um tratamento que é essencial no devir psicanalista. Inclusive tivemos contato com situações em que um candidato é obrigado a continuar a sua análise com um analista e já não tem mais sentido cumprir com o requisito exigido pela estrutura da formação. Isto é uma contradição para um adequado e frutífero processo psicanalítico.

Também se dá, não na maioria, mas acontece, que os analistas em formação dão por terminada a sua análise apenas cumprem com o tempo exigido pelo seu instituto, principalmente devido ao fator econômico que pressiona esses candidatos.

Outra situação controversa que foi percebida é que o analista didata também é professor de seminários e supervisor. Esse fato acaba gerando certas complicações ao candidato, inclusive ter que adiar ou evitar aceder a algum seminário porque é ministrado pelo seu analista didata.

Em relação à supervisão, também se percebem algumas situações controversas com a possibilidade de escolher o supervisor, especialmente em instituições menores, em que essa possibilidade é mais limitada. Houve colegas que tiveram que se manter com um determinado supervisor porque não havia outros disponíveis e precisam cumprir com o requisito estabelecido. Ninguém duvida da importância da supervisão na transmissão da psicanálise, mesmo que se evidenciem queixas quando está em jogo o poder do analista supervisor. Às vezes a queixa é uma espécie de infantilização do candidato, em que a supervisão funciona mais como um modo diretivo do que de acompanhamento e transmissão psicanalítica. Os analistas em formação podem se enfrentar com dificuldades para ter acesso aos supervisores experientes de maneira regular devido a fatores como disponibilidade, distância geográfica e recursos financeiros limitados. Esta falta de supervisão regular pode obstaculizar o desenvolvimento clínico dos analistas em formação e limitar a sua capacidade para refletir sobre o seu trabalho terapêutico de maneira profunda e significativa. Existem situações em que os analistas em formação podem se encontrar limitados nas suas opções de supervisores, quer seja em termos de enfoques teóricos, experiências clínicas ou perspectivas pessoais. Esta falta de diversidade pode limitar a riqueza da supervisão e dificultar a capacidade dos analistas em formação para desenvolver uma compreensão integral e flexível do trabalho clínico. Também pode acontecer que a supervisão se centralize, principalmente, em aspectos técnicos e clínicos do trabalho terapêutico, deixando de lado e não prestando atenção às experiências emocionais e subjetivas dos analistas em formação. Isto pode criar um ambiente de supervisão pouco confortável, o que dificulta aos analistas em formação se sentirem seguros e apoiados no seu processo de desenvolvimento profissional e pessoal. Seria benéfico incorporar espaços reflexivos e de apoio emocional na supervisão. Isto poderia implicar a inclusão de momentos dedicados à exploração das emoções e das experiências pessoais dos analistas em formação, como também a promoção de uma cultura de abertura e de aceitação no contexto da supervisão. Além disso, poder-se-ia incentivar a formação de grupos de apoio entre pares para que os analistas em formação possam compartilhar as suas preocupações e ter o respaldo mútuo necessário para enfrentar os desafios da formação psicanalítica.

Para a transmissão psicanalítica o tripé é fundamental, e também tem sido muito importante o que foi denominada "a quarta pata", que diz respeito ao intercâmbio entre colegas. Nós, os analistas em formação, fomos levando a sério este quarto eixo. Desde a OCAL, que é a organização que represento, além da IPSO (International Studies Psychoanalytical Organization) e da Associação Brasileira de Candidatos (ABC) impulsionamos o intercâmbio entre pares de tal maneira que os analistas em formação tenham a possibilidade de se beneficiarem com as nossas atividades e uma formação com características internacionais. É de se esperar que todos ou a maioria de candidatos possa fazer parte dessa "quarta pata", mas a minha impressão é que um número menor participa ativamente desta questão. Quer seja por razões de desconhecimento, de tempo, das exigências ou outras, mas é importante que neste aspecto da formação haja um maior desenvolvimento, e, inclusive, seja incentivado pelos institutos de formação.

Desde a OCAL realizamos um forte trabalho e esforço para fortalecer a vinculação quanto aos psicanalistas em formação latino-americanos.

Em primeiro lugar, queremos transpor as barreiras idiomáticas. O Brasil concentra a maior quantidade de institutos de formação na América Latina. São 15 sociedades que agrupam o maior número de candidatos da região. É assim que em todas as atividades que realizamos, ambos os idiomas estão representados. Isto permitiu ampliar a nossa rede internacional como agrupação, porque anteriormente tínhamos a realidade que os nossos colegas do Brasil ficavam relegados ou isolados no seu próprio país, que possui características continentais. Nossa diretoria é formada por analistas em formação que falam ambos os idiomas. Consideramos que dar lugar à diversidade implica também romper os obstáculos do idioma, e favorecer o intercâmbio entre todos os que habitamos a nossa região latino-americana.

Um projeto muito valorizado que administramos é o de "Intercâmbio entre Institutos". Este projeto foi lançado no segundo semestre do ano de 2021, permitindo a um analista em formação, membro da OCAL e de um determinado instituto, participar de seminários de outro instituto em outro país da região. Além de participar de seminários, existe a possibilidade de ter acesso a supervisões no instituto escolhido. Além disso, é uma oportunidade que também pode ser realizada gratuitamente. Quando idealizamos e planificamos esta etapa foi pensando na finalidade de oferecer aos analistas em formação, a possibilidade de conhecer outros institutos e, assim, ampliar a perspectiva da sua própria formação. Este espaço mantido até a atualidade, sendo muito valorizado e validado pelos candidatos, também pelos que fazem parte do instituto que se dispôs abrir seminários para colegas de diferentes países. Inicialmente fizemos um convite para todos os institutos latino-americanos, apesar de que nem todos ainda tiveram acesso a esta possibilidade por diversas razões. Os colegas que quiseram participar deste projeto veem isso como uma possibilidade enriquecedora e muito estimulante. O sucesso e validação que este benefício teve nos leva a pensar que se poderia instalar como uma instância validada para a própria formação do candidato, porque neste momento não tem validez curricular, senão é como um benefício optativo.

As organizações que nós, os analistas em formação, representamos na América Latina (IPSO-ABC-OCAL) tentamos fazer um trabalho conjunto e combinado. Tratamos de ir vinculando de tal maneira que os nossos associados se envolvam e se beneficiem da "quarta pata". Foi assim que organizamos conjuntamente o primeiro encontro psicanalítico presencial na América Latina, depois das restrições obrigatórias devido a pandemia Covid-19. Foi a Sociedade Psicanalítica do Rio de Janeiro (SPRJ) que abriu as portas para que pudéssemos nos reunir após muito tempo. Foi um encontro muito emotivo e esperado devido as condições que todos tivemos que viver. Realizou-se em formato híbrido e teve uma grande participação. Faço menção a este encontro porque tivemos a possibilidade de nos reencontrarmos de maneira presencial sendo uma maneira de fortalecer um espaço de fraternidade entre os candidatos. Dispusemo-nos a refletir em torno as implicâncias do atendimento remoto e do remoto na formação, prestando atenção às mudanças epocais.

Outra atividade que mantivemos na OCAL foram os "Triângulos virtuais", em que três institutos se dispõem pensar e refletir em torno a um tema clínico, teórico e/ou técnico, em uma mesa-redonda para os candidatos que desejassem participar, para depois dar lugar a um diálogo que sempre é muito frutífero e enriquecedor.

Além das atividades que mencionei, realizamos várias outras, por exemplo, oficinas clínicas, oficinas de escritura psicanalítica, *working parties*, rodas de conversa interdisciplinares etc., que cito para dar conta de um movimento forte que tentamos manter desde nossa a posição de analistas em formação. Um objetivo é conseguir convocar cada vez mais um maior número de candidatos de toda a região para aproveitar os benefícios oferecidos pela OCAL. A "quarta pata" funciona também como um apoio nos tempos em que transitar a formação se torna árduo. Com a minha experiência penso que ao se envolver com a OCAL vai se estabelecendo uma cultura de colaboração entre colegas. Existe um bom ambiente para o crescimento e a possibilidade de vincular-se com colegas e pares com ânimo de compartilhar sobre psicanálise. Abrem-se muitas portas em um período sensível do devir psicanalistas. Na OCAL somos um grupo altamente democrático com autonomia total para o desempenho das nossas funções.

Finalização

No final do período formativo nos damos conta que foi só um período de início do que será a vida como psicanalista. Profissão impossível, nas palavras de Freud. Um devir que nunca termina e que, de uma ou outra forma, se está em constante formação ao longo de toda a vida. Provavelmente e, é de se esperar, que a análise pessoal continua, embora se tenha terminado com os seminários teóricos e as supervisões oficiais. Os trabalhos finais foram elaborados e ocorre que o analista em formação fica em uma espécie de limbo no período até ingressar na sua sociedade componente e, inclusive, o recém ingressado a esta. Pode ser que seja um período de alta gratificação ao ver o caminho transcorrido, de gratidão e satisfação por ter conseguido concluir um período altamente exigente desde vários pontos de vista. Também é um período altamente enriquecedor. A maioria dos colegas compartilha uma sensação de profunda satisfação e de agradecimento com todos os que fizeram parte e ao acompanhar durante o transcorrer da formação, professores, supervisores, colegas, amizades, família etc.

Mas também existem colegas que terminam a formação e desistem de ingressar na sua sociedade componente, as razões podem ser muitas e variadas, ainda que, de todas formas, é uma questão a ser observada porque pode revelar problemáticas ocorridas durante o processo formativo que impedem a alguns colegas sentir que fazem parte da sua instituição. Algumas dessas problemáticas foram abordadas antecipadamente neste escrito.

O remoto

A chegada da pandemia do Covid-19 trouxe consigo uma série de mudanças e desafios significativos para a nossa prática clínica e formação psicanalítica na América Latina, especialmente no contexto das instituições afiliadas à IPA. Uma das mudanças mais notáveis foi a adoção generalizada de atendimento remoto ou on-line como modalidade terapêutica e formativa em resposta às restrições impostas pela crise sanitária. A adoção do atendimento remoto nas instituições da IPA na América Latina aconteceu em várias etapas. Em um primeiro momento, muitas instituições se viram obrigadas a suspender temporalmente as suas atividades presenciais e foi preciso buscar alternativas remotas para continuar com a formação dos analistas em formação e o atendimento dos pacientes. Nesta fase inicial, a transição do uso de meios tecnológicos foi rápida, mas desafiante, já que implicava a adaptação para novas tecnologias e a reconfiguração dos processos clínicos e formativos. À medida que a pandemia continuava e o modo on-line se consolidava como uma modalidade terapêutica e formativa viável, muitas instituições da IPA na América Latina investiram no desenvolvimento de infraestrutura e capacitação do pessoal para apoiar esta transição. Implementaram-se plataformas tecnológicas seguras e se proporcionou capacitação no uso ético e efetivo de on-line, tanto para psicanalistas como para supervisores e analistas em formação.

A adaptação da transferência e da contratransferência no contexto da análise on-line foi outro desafio importante para os psicanalistas e os analistas em formação na América Latina. A falta do contato físico e as limitações na comunicação não verbal podem prejudicar a dinâmica terapêutica e formativa, exigindo uma maior sensibilidade e atenção por parte dos profissionais para interpretar os processos psíquicos e manter uma conexão sensível com os pacientes e com os supervisados. As vicissitudes do inconsciente se produzem em toda atividade humana, e o desafio mais provável é criar os planos para dar conta destes processos nesta nova modalidade.

Antes da adoção do uso de tecnologias, muitos analistas em formação enfrentavam barreiras geográficas e econômicas, limitando a sua capacidade de participar em programas de formação e receber supervisão regular. Com a comunicação remota, os analistas em formação agora podem ter acesso às sessões de supervisão e seminários teóricos de qualquer lugar com uma conexão de internet, o que elimina as barreiras geográficas e amplia o aceso à formação psicanalítica de primeira qualidade.

Comentários finais

Na América Latina existe uma enorme diversidade social e cultural, como também uma importante diversidade étnica, com variações entre um país e outro. Por outro lado, relevantes são as nossas similitudes, uma das similitudes é que convivemos com crises sociais, econômicas e políticas de forma permanente. É neste contexto que a transmissão psicanalítica se desenvolve e, também, tem-se a impressão que este mesmo contexto fica, em parte, desatendido. Se as nossas instituições não conseguem se abrir à diversidade latino-americana, se não forem feitos esforços para aproximar-se à comunidade, de insistir em uma prática psicanalítica mais inclusiva, de uma psicanálise implicada, corre-se o risco de ficar ancorados em uma espécie de endogamia exclusiva que limita as próprias possibilidades que psicanálise abre. É necessário sair do ostracismo dos próprios consultórios, de participar mais ativamente no âmbito comunitário, incluirmo-nos em políticas públicas e evitar ficar em uma prática de "pessoas acomodadas", como se costuma escutar. São desafios que podem começar a ser enfocados desde a própria formação psicanalítica, com a autonomia própria de cada instituto.

As mudanças que acontecem no mundo são vertiginosas, os avanços tecnológicos são opressores e a nossa prática sempre está um tanto atrasada, neste sentido. Encontramo-nos em pleno debate, muito válido, a respeito da viabilidade de adotar os meios tecnológicos para a formação psicanalítica, em um tempo que, daqui a poucos anos, as pessoas que desejarem realizar o percorrido da formação psicanalítica serão nativos digitais. O desafio será aproximar-se às vicissitudes do inconsciente em novos cenários para os quais é necessária uma abertura, mais do que se fechar ao tradicional.

Neste escrito, abordei desde um vértice de apreciação pessoal e desde as inquietudes que coletei com colegas de diferentes países e as problemáticas que afetam em maior medida. Agradeço à Comissão de Formação e Transmissão da Psicanálise da Fepal pelos esforços realizados para dar lugar e voz aos analistas em formação de forma concreta. Também agradeço a minha organização OCAL por me dar a oportunidade de participar nestes espaços. Como analistas em formação somos "aves de passagem", é um tempo limitado pelo qual transitamos nesta posição, será valioso recordar as problemáticas e inquietudes deste processo quando chegar o momento de estarmos imbuídos nas nossas associações.

7. O cenário sociopolítico, a comunidade e a transmissão psicanalítica

Daniel Delouya

O enquadre da clínica psicanalítica, dentro do qual, e a partir do qual, foram gerados o tratamento de pacientes e o conhecimento psicanalítico, e a formação e a transmissão dele inferidas, têm sido, apesar de sua relativa constância, objeto continuo de debate há um século, sobretudo nas instituições psicanalítica. Como na ciência, o enquadre foi descoberto e suas bordas e limites definidos e construídos, aos poucos – inventados -, com o objetivo de otimizar a potencialidade de suas finalidades. Em ambos, na ciência e na psicanálise, a função do enquadre é de alcançar e atingir uma realidade que subtende as manifestações visíveis. Freud, na esteira de Breuer, após um período relativamente curto, de nove anos de trabalho com sofrimento nervoso, ousa propor um desenho dessa realidade psíquica, melhor dizer, de sua constituição. Refiro-me ao seu manuscrito de 1895, *Projeto de uma psicologia*, que ele recusou a publicar em vida. Vale lembrar que esse manuscrito aparece na sequência de vários outros, a partir da experiencia clínica, inspirada pela visita que Freud fez a Charcot em 1885, entre os quais destacamos o manuscrito sobre as afasias de 1891 e o manuscrito G (melancolia) de 1895, onde figuram, respectivamente, desenhos linguístico e fisiológico do aparelho da alma enquanto o *Projeto* é predominantemente econômico. A economia, nesse esboço, é o ponto de partida, porém se trata do efeito da linguagem sobre o corpo, sobre sua economia. Trata-se de um elo de transformação, de engendramento do psíquico, mas cuja inteligibilidade permanece inapreensível, e é apenas passível de descrição. O estabelecimento desse elo para a constituição e construção do mundo psíquico de um recém-nascido diz respeito a um ato singular que se pode designar como *político*.

Por que político? Se o ponto de partida é um corpo em desamparo, com falta de meios para lidar com o desconhecido, o adulto, segundo Freud, concede ao recém chegado um lugar no *mundo e entre os outros*, tornando-o sujeito. Esses não são, obviamente, os termos que Freud utiliza, para descrever os acontecimentos singulares que estão em jogo. O *desamparo do bebê é a fonte de todos os motivos morais*, afirma Freud, despertando no adulto o valor de compaixão. Compaixão implica reconhecer o direito de existência do outro no mundo, porém esse valor não é de ordem geral como na concepção do imperativo categórico de Kant. O desespero do bebê, afirma Freud, *faz compreender*; ele remete o adulto, pela via regressiva, ao próprio desamparo de outrora e ao acolhimento que ele recebeu, o que lhe permite efetuar uma ajuda ao recém-nascido. Porém, isso não basta, na sequencia Freud insiste que o adulto precisa oferecer ao bebê uma morada, com os outros. A morada compreende a área intermediaria entre os corpos que se oferece à linguagem, nomeando os afetos, com palavras, com gestos, com tato, estando em afinidade com o que está ocorrendo no bebê. Freud aponta que essa consiste na apropriação reflexiva, em que o adulto fornece nesse brincar entre os corpos, imagens de movimento, lhe enviando *notícias de si*, do bebe. O que o adulto faz é a oferecer um tempo, em que as incitações de dentro e as de fora, se integram em apropriações afetivas, constituindo uma morada no tempo com o outro. Aqui, também, é a via regressiva no adulto, convocando-o no lugar de criança que ele foi junto ao seu adulto de outrora, para, com ternura, convidar, incitar, seduzir, o recém-nascido para estar com os outros, *concedendo-lhe uma morada própria na comunidade.* Vejamos, pois, que a regressão, no adulto, despertada pelo bebê, remete o adulto numa via descendente para o plano horizontal, das trocas afetivas, sua circulação entre a criança no adulto e a criança que está chegando. É a linguagem, sempre entre os corpos, que serve aqui como um para-excitação, não só afastando os excessos nocivos dos estímulos do mundo externo, e não só peneirando suas intensidades, seus cumprimentos de ondas, para que sejam passiveis à integração do vindouro psiquismo, mas parando as excitações de dentro do bebé, para permitir a ligação em imagens, capazes de criar um tempo, o do desvio das exigências vitais para um terreno novo, da linguagem, do brincar, da aposta numa realidade. A realidade, afirma Freud, é uma questão de crença, de esperança e essa depende do trabalho de objeto. Nele, o desvio da dor pela nomeação cria a pulsão sexual infantil, instaura um acervo de memória, que Freud define como uma *efetividade continua de uma vivencia,* reaprendizagem, um tempo de apropriação como precursor de referências auto eróticas.

A transformação de incitações corporais em apropriação, pela linguagem, é tributária de *uma comunidade* entre a criança que ecoa do adulto (lida, com escuta, pelo seu próprio adulto de outrora) e a criança em franca construção e constituição pela linguagem, onde a vulnerabilidade dos inícios se torna, pela função de para-excitação da linguagem, em comunidade. É onde se implanta o esteio da escuta para o engendramento inesgotável da linguagem, de se tornar sempre, do não ser a ser, pela fala, sujeito, em comunidade. A escuta é, pois, o que instaura a psicanálise como sendo essencialmente política. Escutar é embrenhar o corpo em linguagem que é, por sua vez, tributária de uma comunidade.

Esse trabalho é longo e passa por diferentes estágios – infância, latência, puberdade – marcados pelo luto, até a inserção na *sociedade.* A sociedade é algo diferente da comunidade, das possibilidades que ela proporciona. O luto se refere à perda progressiva da cobertura que a linguagem concede aos corpos para sua inserção numa comunidade.

O complexo de édipo, a sua reincidência num segundo tempo da latência e da adolescência, confronta o sujeito com a separação definitiva dos corpos, expondo-os diante da sobrevivência no mundo e em relação aos outros; impele-os, portanto, numa rivalidade em meio às regras que regem a sociedade. A sociedade e a cultura têm como meta a regulação das relações entre os adultos e a dominação e a exploração da natureza. Desde o início, as identificações têm como função não tão somente a diferenciação de um sujeito em relação ao outro, a sua singularidade, mas também de um pertencimento a um grupo e a diversos outros conforme a trajetória do indivíduo na estrutura social. Assim, as identidades erguem-se para lidar com o desamparo da origem, como defesa do mesmo, pela crescente noção de separação e a diferenciação do sujeito em meio a outros.

A cultura expõe a comunidade, e a linguagem que a constitui, ao teste da realidade das necessidades dos outros e dos meios tecnológicos que visam a sobrevivência no mundo. Nesse terreno, o que prima para os sujeitos são as metas, as representações-metas dos eus, dos indivíduos, ante as exigências da sobrevivência onde prima a *dominação*, a dominação das tarefas, o *desempenho* das metas regidas pela sociedade. O que se converte, rapidamente, em dominação e exploração do outro, e de seu trabalho, em vista das metas de sobrevivência. As identidades, que denotam o pertencimento ao grupo, como gênero, raça, nacionalidade, religião, camada socioeconômica etc., adquirem um valor nessa exploração, de graus de *hegemonia* em relação a outros nessa luta social de sobrevivência (branco, católico, educado, macho, rico, etc.). O capital e o capitalismo passam então ao primeiro plano como meio de garantir, pelo poder, uma melhor adaptação na sobrevivência dos indivíduos no mundo. Ver-se-ia então como a tensão entre, de um lado, a constituição da comunidade e, de outro, as exigências da sociedade e da cultura, com a predominação da última, *são prestes a destruir* o laço humano comunitário fundado sobre a escuta e a linguagem. Esse é o mal estar na cultura.

Um livro, recentemente traduzido para o português, *O despertar de tudo*, com um subtítulo aparentemente pretensioso, *A história da humanidade*, escrito por um antropólogo, David Graeber, e um arqueólogo, David Wengrow, nos mostra que a vida em sociedade poderia ser muito diferente. Nesse livro, bem documentado, com extensos exemplos da história dos povos pelo mundo, eles mostram como os povos originários conviviam em comunidades igualitárias com provisões culturais significativas das mulheres e com liberdade sexual e cultural impressionante. Os bens e as invenções tecnológicos eram utilizados não em favor do poder e do domínio, mas em prol do bem comunitário, numa espécie de sociedades anarquistas onde havia liberdade de troca e a possibilidade de desobediência e de abandono de uma comunidade e reestabelecimento de outras. Estou extraindo, obviamente, uma faceta de uma organização comunitária que pode parecer idealizada, *a la Rousseau*, quando, na realidade, continha expressões mais variadas e heterógenas nos povos originários; uma, porém, que foi a mais predominante. Os autores se perguntam, em seguida, como ocorreu esse desvio para esse ocidente tóxico? *How we got stucked*? Como acabamos sendo presos, tolhidos?

Convertendo essa pergunta em termos freudianos, nos seus mitos: como mal toleramos o assassinato do pai todo poderoso da história, o seu luto, e, em vez de contar com o novo laço social, da área transicional, inventiva (Winnicott) e de troca, imergimos em uma estrutura social defensiva, mortífera, de domínio, de exploração, de colonização, fundada sobre o medo? Como revertemos essa perspectiva (Bion) em vez de aceitar o desconhecido e contar com a linguagem; em vez disso, *ai de nós*, recorremos ao poder, nutrido pelo desamparo?

A perda progressiva do laço comunitário que deveria garantir o espaço da escuta e da ajuda mútua, à medida que os sujeitos ascendiam para o plano social, precisou encontrar uma recompensa pelas ideologias liberais que prometiam prosperidade e independência dos indivíduos. A sociedade, com a implementação burocrática e tecnológica aportou, certamente, prosperidade e longevidade, e para uma camada social expressiva. Entretanto, a adesão submissa e colonizada dos ideais instrumentais da cultura, embora trouxesse o sentimento de propriedade e orgulho de cumprimento, além do sucesso nos ganhos dos ideais, vem suprimindo os sentimentos comunitárias de amor e solidariedade, ficando os sujeitos expostos à solidão e ao medo do desamparo que se deflagra nas camadas populacionais exploradas e imersas na miséria. O que só faz aumentar e acelerar a máquina capitalista. A solidão de um lado, e a miséria, de outro, vêm impulsionando duas categorias de religiões, as duas baseadas na ideia de salvação. De um lado, a salvação pelo gozo, relaxamento, entretenimento, drogadição, obsessão higiênica e estética, todas buscando seja pelo entorpecimento, seja pela vigilância hipocondríaca e psicossomática, colmatar a evasão da linguagem e sua comunhão humana, dando impulso à alienação de si e dos outros. De outro, os mais vulneráveis ao cumprimento dos ideais vão recorrendo às religiões de salvação, religiosas e laicas, buscando alívio no pai-deus protetor, ou se apoiando em lideres fanáticos para aliviar o seu ressentimento e marginalização social. A hipertrofia desse processo só faz aumentar o desespero, embora as vias de gozo e de dominação – entre elas, a embriaguez da navegação e o surfe pelas redes e seu potencial mágico ilusório de se sobrepor ao tempo e ao espaço, alcançando notícias, serviços, produtos e "amigos" virtuais de toda parte e em frações de minutos –, mascaram esse desespero da solidão que assola nosso tempo. Em meio a essa aceleração, as guerras e os conflitos internas e externas aos Estados, e a depleção dos recursos naturais multiplicam as ameaças do desmantelamento ecológico, da guerra nuclear assim como da ditadura digital que são prestes a desestabilizar o conjunto global das organizações humanas de nosso planeta assim como pondo fim às condições mínimas de sua sobrevivência.

Os conflitos e problemas que se geram em função do domínio e desempenho, ou seja da competição para sobreviver, e as identidades nelas envolvidas, de grupos e etnias, assim como de diferentes camadas sociais e forças do mercado, acabam sendo o foco da política, que nesse caso se restringe em manejar as tensões em torno da sobrevivência, das terras que ocupam, da prosperidade, da distribuição de renda, da proteção do planeta diante da exploração industrial, de medidas de segurança da população ante as catástrofes naturais, físicas e biológicas, etc. Tudo isso que se desenrola no plano social acaba afastando-nos dos sujeitos, suas comunidades e a linguagem que nutre sua alma. Uma espécie de desvio da vida humana, mal compensada pelas práticas de gozo que a cultura nos oferece.

Apenas a vida de amor, o convívio familiar e comunitário, os cuidados com as crianças e a amizade assim como o lazer, as viagens e os esportes, a arte, a literatura, o cinema e o teatro, a música e a poesia recorrem às fontes originárias da linguagem e o amor que essa embrenha. Porém, a vida contemporânea tende a desgastar essas dimensões do convivo humano, depreciando-as, liquidificando-as, dissolvendo-as e recrutando-as para as veleidades dos ritmos e dos espaços das ofertas e manipulações das pressões e exigências do trabalho e das leis do mercado.

E mesmo quando essas experiências, de grande valor humano, aliviam a pressão da ameaça de sobrevivência, elas não conseguem por si mesmas recuperar o trabalho da linguagem quando elas coincidem nos sujeitos em sofrimento, quando são aprisionadas em sintomas que afetam a fruição dessas experiências. A psicanálise foi descoberta para isso. Melhor dizer, Freud descobriu/inventou um método e um enquadre, que lhe é implícito, que retomam os passos da instauração da linguagem, trilhando-se pelos seus desfiladeiros e liberando os impasses que encontrou e desembocou nos sofrimentos que impediram a expressão plena do sujeito. A escuta "fale o que lhe ocorre agora, me diga, se possível, se está vendo algo, ou lembrando de algo" não seria uma disposição afetiva remontada às origens em relação ao grito do bebe, que estabelece um elo entre a criança em desamparo, presente nos confins do adulto, e entrando em comunhão com a criança do paciente tomada pelo desconhecido dos gritos de seus sintomas e sofrimentos? Sim, o grito do sintoma, de início das histéricas, com suas conversões somáticas, mas não somente elas, também os obsessivos, fóbicos, melancólicos, psicóticos assim como os acometidos de neuroses atuais, de pânico, de neurastenia, e também os hipocondríacos e anoréxicos. Todos se encontram na mira do esforço do mapeamento do aparelho psíquico esboçado no início de 1895 (manuscrito M) assim como na carta a Fliess de 6/12/1896. Poder encontrar uma palavra na fala é poder se apropriar dos veios da transformação dos apelos do corpo pelas palavras de outrora e suas redes ampliadas e infinitas, todas veiculadas pelas pontes afetivas da linguagem do adulto, que fornece, segundo Freud, a partir de seu próprio corpo embrenhado em linguagem, imagens de movimento daquele que necessita da escuta. A escuta é isso, um para-excitação da linguagem, que toma partido da moção retroativa da pulsão de morte, para colocar palavras, imagens de movimento do nascente ser, que vem brotando na fissura da separação *da coisa*; encontram, assim, nesta *cesura*, uma continuidade na comunhão da linguagem e suas redes em engendramento, uma substituição contínua e inesgotável em meio à perda irreparável e inexorável do mítico seio materno.

Carências no meio de origem, na vida psíquica dos adultos, são passíveis de intrusões ou de ausências e abandono, de variadas formas, e são capazes, portanto, de gerar impasses no trabalho da linguagem e na inserção na comunidade do recém-nascido. A escuta, o olhar com sua ajuda alheia e a linguagem que proporcionam, constitui, portanto, esse terreno político, emparelhado de diversas técnicas adquiridas na história da psicanálise; um enquadre possibilitador do endereçamento à cura, implícito ao potencial inesgotável da linguagem. O enquadre remonta à constituição da vida humana e sua essência comunitária. É por meio dele que se pode implementar uma reparação aproximada aos traumas encontrados no caminho da constituição do ser, demandando, por vezes, as construções e reconstruções da vida psíquica.

O debate sobre as condições técnicas do enquadre da escuta atravessa toda a história da psicanálise. E a partir dela, tudo que diz respeito à transmissão e à formação do analista. Não há dúvida de que uma frequência alta de 6, 5, 4 ou 3 encontros semanais é necessária para que a regressão do trabalho da escuta adquira a plena efetividade da escuta para alcançar a meta de reparação e construção em função dos traumas da história do sujeito. Entretanto, não são as condições empíricas que determinam a suficiência dessa *ajuda alheia* que Freud remonta à constituição de origem. Trata-se da qualidade, da atenção singular, com seu teor regressivo na linguagem de quem se encarrega da escuta. André Green tem cunhado o termo de *enquadre interno* do analista para a geração da área terceira ou o *terceiro analítico*, segundo Ogden. O enquadre interno, com sua potencialidade de promover a comunhão na linguagem, o terceiro analítico, remontam, segundo Green, à *estrutura enquadrante* do objeto de origem, com a sua função de para-excitação e o convite e a sedução, pela linguagem, à vida; a estrutura enquadrante constitui os eixos da escuta. Portanto, os parâmetros empíricos da sala de análise, frequência e acordos de pagamento são apenas condições exteriores para essa função e eles podem variar desde que a escuta se mantenha. Uma analista kleiniana foi tocada um dia quando seu paciente lhe dizia ´nem tudo é eu e você; e o que sinto e penso aqui e agora compreende, afinal, menos de quatro horas das 168 horas na semana, na maior parte das quais atravessou muitas outras coisas´. O paciente aludia a uma dimensão que precisava ser ouvida e desenvolvida e que se situava fora do espectro das projeções na qual a analista até então se esforçava em apreender o paciente. O enquadre da escuta na análise não pode ser reduzido ao simples meio de observação que se pode obter em analogia aos testes aplicados dentro de um tubo de ensaio, a uma chapa de raio x ou a uma ressonância. Não dispomos dessas ferramentas para se dar conta do que ocorre "plenamente" na vida psíquica de um outro. O ponto chave aqui é que o meio do experimento *somos nós*, o analista e nossas aparelhagens, entre os quais nossa análise e teorias, e que esse meio visa observar não só o que acontece "dentro" do outro, mas tem como alvo dar lugar ao que *não aconteceu até então* e anseia vir a vida junto a um outro. Essa disposição na função e na estrutura enquadrante da escuta do analista não se reduz à frequência e à duração da sessão e da análise. Embora existam condições empíricas mínimas para que o processo analítico possa prosperar.

Uma análise, então, que visa retomar e encontrar os vestígios de nossos traumas, de nossas defesas de caráter entre outros impasses, necessita certamente de uma frequência e duração razoáveis para as transformações do ser pela escuta e fala. É uma experiencia que dura ou pode durar entre 3 a 20 anos ou mais, e que, de qualquer modo, persiste enquanto tem vida, efetuando uma análise não necessariamente acompanhada por um profissional. Não obstante, a escuta que visa regatar o laço comunitário proporcionado pela linguagem pode ter efeitos terapêuticos e outros não obrigatoriamente guiadas pelos enquadres empíricos estabelecidos pela formação padrão do modelo Eitingon. A instrumentalização pelo enquadre interno do analista pode ser implementada, além da supervisão e do pensamento teórico, em espaços terapêuticos de casal, de família, de grupos, de comunidade em bairros vulneráveis, através de meios variados, de atenção à dinâmica de grupo, do brincar, de leitura de contos para crianças etc. A psicanálise extramuros (Laplanche) ou da clínica extensa (Herrmann) onde a escuta se aplica a uma obra de arte, a um fenômeno de grupo, de manifestação política etc. tem efeitos bastante benéficos para todos nós que ocupamos o palco cultural.

Gostaria agora de voltar a enfatizar que a escuta com sua oposição e resistência às tendencias desumanizantes e destrutivos das metas culturais a torna subversiva à cultura, situando a psicanalise como motor critico à ultima. Ela nos obriga a uma vigilância constante contra a destrutividade que pode infiltrar a própria prática analítica. O Eu adere às metas de sobrevivência ditadas pela cultura que tendem a nos afastar da escuta e, nesse sentido, a ideia de um Standard, erguendo-se como a identidade defensiva do grupo de psicanalistas, pode obturar os veios das potencialidades da escuta. Aferrar-se aos parâmetros empíricos do enquadre pode desgastar os requisitos de abertura que a escuta nos proporciona. A correspondência de Freud com Fliess, na qual se criou um espaço de escuta analítica privilegiada, nos aponta o quanto o trabalho da análise abriga tesouros a serem explorados. Assim, a pandemia nos mostrou que a escuta à distância tem seus benefícios e alcances até então suspeitados. Os benefícios de atendimento on-line, em função de condições especiais como pandemia, adoecimento e impedimentos políticos, ambientais e geográficos, podem ser aproveitados, obviamente dentro de certos limites, conforme a particularidade da estruturação psíquica dos pacientes em questão. Não somente Freud, mas outros como Ferenczi, Winnicott, Bion e Meltzer conduziram análises em enquadres variados que demonstram a potencialidade dessa abertura ao engendramento do sujeito pela escuta. Nenhuma imposição empírica enquadrante garante a eficácia da escuta analítica. Essa se pauta pela atenção regressiva no analista, pela linguagem, que visa facilitar ao sujeito a progressão de seu engendramento.

O acesso ao mundo psíquico, da comunhão em linguagem, acontece pelos aportes sensoriais, corporais desde o início, entre os corpos, e se renova a cada encontro humano. Não obstante, os acessórios materiais como óculos, telefones, aparelhos de ouvidos, telas de som e de vídeo, escrita etc, são medidas de extensão, como notou Freud, dessas vias intermediárias rumo ao mundo psíquico. Se falo com meu filho, afirma Freud, que está na fronte, pelo telefone, é diferente de estar com ele presencialmente podendo abraça-lo etc.. Não obstante, a troca de afeto, a noção do que ocorre com ele, etc. tem seus efeitos à distância. Da mesma forma os meios intermediários de correspondência ou comunicação em tempo real a distancia permitem um acesso com intensidade razoável a esse mundo psíquico.

Que esses meios são extensões, como afirma Freud, de nossos aportes sensoriais, rumo às dimensões não sensoriais do mundo psíquico, nos fornece uma inelegibilidade metapsicológica solida daquilo que constitui a experiencia cotidiana do mundo civilizado.

O palco sócio-político em sua abrangência assim como em seus espectros particulares, por exemplo das sociedades e organizações dos psicanalistas, devem ser submetidos à escuta psicanalítica de forma crítica de modo a livra-los – justamente pelas consequências que o pensamento psicanalítico deriva da escuta – das tendências destrutivas da cultura e seus avanços burocráticos e tecnológicos. Esses últimos agem contra a linguagem e o laço comunitário como mostramos acima.

Quando nos referimos à escuta de forma tão geral, e que não podemos desenvolver com a merecida atenção, estamos nos reportando à dialética complexa entre a linguagem e a demanda da construção do corpo, desde seu desamparo, pelo outro e o seu aporte linguístico. A área intermediária está entre o eu e o sujeito, o primeiro pautado pelo desamparo e as defesas identitárias, de um lado, e o segundo pela linguagem e sua herança histórica, simbólica, de outro. A heterogeneidade deflagrada pela *psicanálise contemporânea* entre os eixos negativos e positivos da vida psíquica – onde se introduziu um fecundo diálogo e integração entre a herança lacaniana e os aportes ingleses na esteira de Abraham, Ferenczi e Klein, refletida nas obras de Balint, Bion e Winnicott, entre outros –, podem ser encontrados na extensa obra de André Green e de forma íntima e um pouco mais restrita também nas obras de Pontalis, Fédida, McDougal e Ogden. Não podemos explicitar, com a devida consideração, essas contribuições. O que preferimos ressaltar é o aspecto destrutivo da organização e os rumos da cultura para o sujeito, que foram denunciadas no pensamento de Freud a partir da virada dos anos 1920 do século passado (Green) e que têm sido elaboradas com certa profundidade, mas não suficientemente, pelo Green. A hipertrofia das moções defensivas do eu ante o desamparo se expressa pelas metas em relação à regulação das relações entre os seres humanos e o domínio sobre a natureza, que se matizam no massivo arsenal do afã burocrático e tecnológico, sobrepondo-se a elas contra os anseios comunitários, humanos, do sujeito.

O capitalismo de vigilância introduzido massivamente pela tecnologia dos algoritmos tem trazido, dentro das promessas de gozo e com efetividade crescente do esquema difundido por toda parte do neoliberalismo, uma nova e mascarada ditadura perigosa para o sujeito contemporâneo. Embora as ofertas sejam particularizadas e diversificadas, conforme o cálculo algorítmico dos dados disponíveis sobre os indivíduos, elas os embriagam na ilusão de um poder mágico que os adivinham em suas demandas úteis e podendo, portanto, supri-las, em fração de segundos, sendo o espaço também negligenciável enquanto limite. Todas confinadas às representações metas do narcisismo egoico, não deixando espaço para o engendramento do sujeito em relação às suas faltas afetivas. Nesse sentido, o grande irmão do regime ditatorial do livro de G. Orwell que sabe tudo sobre você e, mais ainda, está atento a tudo que pode lhe agradar, mimando-te até os ínfimos anseios do corpo e da alma. É onde se situa o estágio de espelho da infância onde a criança confia ao adulto o conhecimento de tudo que nele ocorre e acontece e também de tudo que nele necessita e pode ser atendido. Aqui se introduz toda a lógica da colonização e do domínio do regime ditatorial que se estende aos anseios de salvação relacionados com o desamparo diante do desconhecido da vida. Surgem, então, sobretudo para as camadas mais vulneráveis da população a opção de escolha de líderes que atendem os pressupostos básicos (Bion), de gozo na dependência, no acasalamento e no de luta e fuga. Esses se relacionam aos regimes narcísicos fusionais com o objeto primário, alojando-se, respectivamente, no seio-olhar da mãe, na sua vagina e no seu claustro de seu intestino grosso, conforme elaboração do Meltzer, evitando a separação, a noção da solidão e o engendramento na linguagem e seus laços comunitários. Esse triste quadro vem ressurgindo a cada crise com o aparecimento das lideranças de direita e suas pautas e plataformas de pressupostos básicos que pipocam em diferentes regiões do mundo.

Outros padrões e acopladas ideologias se somam na conta da defesa diante do desamparo crescente, todos relacionados com a vigilância ante o desmoronamento. Me refiro à vigilância nos novos costumes em relação à higiene, à saúde e a beleza que visam lidar com as ameaças hipocondríacas e as eclosões psicossomáticas assim como as práticas de gozo na drogadição licita e ilícita que tentam lidar também com a insônia e a depressão, ambas apontando a carência da escuta e do sonhar. Em todas elas podemos encontrar uma reversão de perspectiva da linguagem erguendo os fetiches de domínio e restauração do corpo, seus gozos e sua longevidade, onde figuram promessa de ressurreição póstuma deixando como poupança células e embriões, clones de ressurgimento no futuro, após a morte de cada um de nós. A confiança na tecnologia nesse caso se pauta também em valores hegemônicos de identidades com identificação em torno de gênero, raça e outras características que prometem garantir melhor adaptação aos tempos vindouros.

Há vários aspectos e dimensões da vida em sociedade contemporânea que trabalham na direção de melhor e mais garantia da sobrevivência, porém em detrimento do laço comunitário e a linguagem que a conduz. Selecionamos apenas alguns a título de exemplos. Os meios de sobrevivência são importantes e necessários desde que não mascarassem os anseios de sujeitos e da vida. O problema que enfrentamos com eles é quando sacrificam a vida psíquica que a psicanálise vem resgatar. Ser psicanalista significa pertencer a uma comunidade de sujeitos que compartilham um objeto de estudo, a alma humana, e um método de investigação que é ao mesmo de tratamento, ou seja, a escuta, que visa recuperar o alcance da linguagem para a vida. Nessa empreitada servimo-nos de um arsenal bastante amplo de teorias e técnicas acumuladas, com a opção de privilegiar uns e/ou outros para o nosso uso. A análise do analista é central para lidar com as formações singulares de nossas defesas diante da linguagem e suas potencialidades de pulsação de vida que vertem nossa alma em direção a sobrevivência ditada pelas forças mortíferas da cultura. O amor, o brincar, a amizade, a comunidade, a arte, a literatura e a ligação com a natureza são os sinalizadores por onde a linguagem e a comunidade podem se expandir. Esquece-se frequentemente que enquanto a linguagem transforma o corpo, esse a estende e a expande, pela moção de *introjeção* (Ferenczi), para a natureza numa espécie de um animismo criativo, de habitação no mundo, como nos elos estabelecido entre as crianças e a natureza, preservados fortemente entre os povos originários, e cujos ecos vivos ressoam, para nós, nas obras de artes plásticas, musicais e literárias, além dos passeios e esportes das horas de lazer. O trabalho da análise visa reconduzir o sujeito para essas fontes de fruição da linguagem.

O que está no centro do trabalho analítico é a escuta, o laço comunitário com a linguagem que a caracteriza. Em que medida a formação analítica pode vir a deturpar essa empreitada? Não há dúvida de que as instituições precisam respeitar a hierarquia e a estruturação da formação e da transmissão. Não obstante a dimensão política que caracteriza a posição do sujeito requer uma plena liberdade de falar e também de reservar parte dessa fala para si, não a tornando pública para o outro. Foi a razão pela qual a análise do candidato foi, aos poucos, preservada da vigilância institucional e apenas observada em suas consequências no trabalho da supervisão, nos seminários e na participação do candidato na instituição. E mesmo assim, a preocupação com a identidade do psicanalista levou certas instituições a vigiar o enquadre empírico das análises dos analistas em formação. Embora são a dor e o sofrimento que levam frequentemente o sujeito a procurar um trabalho analítico e em seguida fazer a opçao em se tornar analista, esse trabalho da análise é, paradoxalmente, não computado a seu favor. A instituição acaba pedindo que o candidato faça uma análise

Standard com analistas da instituição qualificados para isso dentro de um enquadre modelo, com frequência e duração previamente determinados. O candidato precisa, na maior parte dos casos, abandonar a comunidade intima da escuta que estabeleceu com seu analista, para se moldar aos requisitos institucionais. Uma violência que pode ser tolerada em certa medida, mas cujas feridas não são sempre fáceis de dissolução. Há de se questionar o quanto a escuta em emoldura standard fere em certa medida a liberdade necessária ao trabalho da escuta, já que acaba inserindo o trabalho analítico no jogo da sobrevivência e da colonização ditadas pelo mercado da cultura.

A transmissão da psicanálise deve ser feita em conformidade com o método da psicanálise que é a escuta. Nesse caso se trata de transmissão entre as gerações para garantir o espaço da *polis*, o mais democrático, o da escuta do sujeito, de sua pulsão sexual e os impasses que a confrontam na cultura. Por isso, a psicanálise, através de seus instrumentos de formação deve se arriscar em manter esse espaço democrático que diz respeito justamente ao aporte freudiano mais importante, da *deformação* efetuada pela plasticidade da linguagem no corpo e que deve ser retomada na escuta da cura privada e da cultura. Em 1923, Freud volta a afirmar isso (*Josef Popper-Lynkeus e a teoria dos sonhos*), insistindo que essa foi a sua única grande contribuição. Nesse sentido um enquadramento padrão (standard) pode sufocar toda essa empreitada original.

O exame da análise dos analistas em formação, e de seus formadores pode se dar nas expressões que se criam em torno das supervisões e dos seminários e no convívio dentro das instituições. Esses não se limitam aos tradicionais casos clínicos, mas também aos trabalhos junto a comunidade, na análise de produções da arte, do cinema, da vida política e de todos os fenômenos culturais contemporâneos. Os analistas devem se engajar, portanto, na crítica, a partir de sua escuta, das correntes destrutivas da cultura e seus meios de sobrevivência para o resgate da linguagem e dos laços comunitários que a constituem.

Breve nota
Por uma psicanálise implicada

Cecilia Teodora Rodríguez

Durante os quatro anos de nossa gestão, foi contundente o impacto que teve a transição para o trabalho não presencial no tripé da formação, e os desafios e questionamentos acerca das possibilidades e limites na transmissão da psicanálise. Isso tem sido um tema central nos debates e controvérsias deste período. No entanto, tudo isso se inscreve no contexto das mudanças epocais em que a tecnologia está produzindo impressionantes transformações culturais que afetam a vida cotidiana e a subjetividade em um mundo cada vez mais globalizado.

Tendo isso em conta, nosso trabalho se concentrou em vários eixos de diálogo e reflexão. Aprofundamos na clínica psicanalítica, explorando a prática e ressaltando o campo da supervisão como um importante recurso de investigação que, nesses anos, puderam, em geral, e sobretudo no caso a caso, acompanhar possibilidades e limites nos diferentes formatos e enquadramento, nos quais analistas e analistas em formação trabalharam de modo geral e por muito tempo desde 2020.

Temos destacado a relevância dos contextos socioculturais, históricos, políticos, geográficos e econômicos nos quais a psicanálise se desenvolve, e como esses contextos nos interpelam como psicanalistas.

Demos assim espaço à relevância que na formação de psicanalistas tem o posicionamento por uma psicanálise implicada

Com isso, pensamos na pertinência de que os programas de formação possam expandir o campo psicanalítico tradicional, integrando a dimensão do laço social e seus mal-estares no terreno da comunidade, em sua prática e teoria.

A ideia é propiciar uma formação psicanalítica com a rigorosidade da transmissão clínica, e ao mesmo tempo, reconhecer a interconexão entre o psíquico e o social, promovendo uma prática psicanalítica comprometida também com o trabalho frente aos mal-estares da cultura. Como nos implicamos como psicanalistas?

Já são muitos os psicanalistas implicados em projetos na comunidade. A questão tem sido não só o que eles aportam nesse campo, o que é valiosíssimo, mas também ouvimos vozes que se pronunciaram em relação ao que esse tipo de trabalho aporta à formação dos psicanalistas.

Que lugar isso tem dentro dos institutos?

Considerando que dentro dos mal-estares da cultura se inscrevem aqueles estruturais, nos somamos aos esforços dos colegas que, de diferentes latitudes, se pronunciaram pela visibilização de formas de discriminação, marginalização e a herança de histórias transgeracionais cujos efeitos não podemos, nem devemos, ignorar. Podemos estabelecer como um imperativo ético promover uma prática psicanalítica mais justa, inclusiva e comprometida com a mudança social.

Consideramos de grande relevância a reflexão crítica sobre as instituições psicanalíticas e suas práticas, questionando como podem reproduzir ou desafiar as estruturas de poder e exclusão.

Felizmente, a partir de 2020, a multiplicação de atividades científicas através de plataformas digitais aumentou os intercâmbios interinstitucionais nos quais, na diversidade de abordagens, todos nós fomos confrontados, em maior ou menor medida, com o que não havíamos pensado.

"No meu país não há racismo, esse problema não temos na minha instituição." Estamos certos de que isso é verdade? Não é um assunto que nos atravessa a todos, direta ou indiretamente? Não tem ressonâncias no classismo e em outras formas de discriminação social? Podemos, como psicanalistas, nos fechar em nossos consultórios, com uma prática centrada em uma faixa social? Ou podemos considerar maneiras de que a psicanálise tenha outros alcances e possibilidades, dando continuidade ao anseio expresso por Freud, que defendeu a acessibilidade da psicanálise não apenas a uma elite. Em vários de seus escritos e cartas, Freud expressou seu desejo de democratizar o conhecimento psicanalítico e, com isso, ampliar o alcance da psicanálise além das classes altas e fazer com que seus benefícios sejam acessíveis à população em geral.

Esses temas estiveram presentes nas discussões e no trabalho deste período.

Proposta de posicionamento latino-americano

Comissão de Formação e Transmissão da Psicanálise da Fepal

- Que relevância tem que haja uma proposta a partir do trabalho levado a cabo na América Latina?
- Que margem de autonomia os institutos podem ter para definir suas políticas sobre o trabalho remoto?
- Que importância tem a democracia no âmbito da política institucional?

A proposta de um Posicionamento Latino-americano a respeito do trabalho remoto na formação psicanalítica deriva do diálogo entre membros e analistas em formação das diferentes sociedades da Fepal, e também do Instituto Latino-Americano de Psicanálise (ILAP), a partir do ano de 2020.

Foi no Debate Aberto que entre as diferentes vozes que se manifestaram, sugeriu-se a necessidade de que do debate saísse alguma proposta.

É claro que o fato de propor um Posicionamento Latino-americano não implica que haja um posicionamento singular. Pelo contrário. Considerando a importância da diversidade de perspectivas, a proposta é dar lugar a esta diversidade que em conjunto caracteriza nossa região. Portanto, a Proposta do Posicionamento Latino-americano consiste em levar em consideração a diversidade de contextos, necessidades e perspectivas dos diferentes institutos da América Latina, e a importância disto nas suas políticas em torno ao trabalho à distância na formação.

Em relação a este trabalho, constatamos situações totalmente antagônicas. Por exemplo: enquanto houver institutos que tenham pouco número de analistas, ou que tenham problemas de endogamia que foram manifestados, veem na análise on-line a possibilidade de que seus membros se analisem com colegas de outras sociedades, enquanto, ao mesmo tempo, outros institutos veem isto como uma ameaça à conquista da consolidação de uma identidade societária.

Existem outros institutos em que devido à forte necessidade de migração, têm na possibilidade do trabalho remoto o modo de dar continuidade ao pertencimento ativo nos seus institutos.

Estes são somente alguns exemplos de situações que se contrastam. Observamos que em pelo menos um instituto seria ideal, para a formação psicanalítica no contexto de nosso tempo, que os analistas em formação pudessem contar com as duas experiências analíticas. Analisar-se e analisar de modo presencial e remoto, a fim de se habilitar em dois modos de trabalho analítico, considerando que a análise on-line é cada vez mais solicitada hoje em dia.

Então, com a ideia de dar lugar a diferentes perspectivas, e com a ideia de que as diferenças complexificam a unidade, e de fato podem enriquecê-la, é que foi tomando forma uma proposta de Posicionamento Latino-americano.

Esse posicionamento foi respaldado pela Comissão Diretiva da Fepal, apresentado aos membros latino-americanos do *board*, apresentado ao Comitê da Educação da IPA, e as suas implicações, autonomia, democratização e exogamia foram discutidas no XXI Encontro Aberto de Institutos em 2023.

Muitos colegas se sentiram representados por esta proposta, provavelmente outros não. Mas isso confirma as diversas perspectivas em torno ao tema do trabalho remoto, que para muitos se inscreve nas mudanças epocais que interpelam ao movimento psicanalítico, com uma clínica da qual surgem desenvolvimentos teóricos e técnicos no contexto da subjetividade do nosso tempo, enquanto para outros pode estar o desejo de voltar ao de antes da pandemia, e manter lineamentos que também se estabeleceram institucionalmente entre debates e controvérsias.

Antecedentes

Nossa proposta procede do trabalho que se levou a cabo desde o ano de 2020 com membros e analistas em formação de todas as sociedades da federação.

O antecedente mais direto surgiu do *Debate Aberto, E agora o quê?* que organizamos em maio de 2023, quando reunimos 270 participantes: analistas, analistas em formação, dirigentes de sociedades psicanalíticas da América Latina e da diretoria da Fepal, OCAL, ABC e IPSO.

Este debate teve como ponto de partida a carta escrita por colegas de diferentes sociedades da Fepal, todos com ampla experiência no campo da transmissão da psicanálise, que manifestaram desconformidade e a necessidade de uma reflexão coletiva com aportes críticos a respeito das "*Diretrizes da formação à distância durante o período de transição*", enviadas à membresia da IPA no dia 14 de dezembro de 2022.

Em continuidade ao debate aberto, na *II Reunião de Diretores de Institutos da América Latina* trabalhamos sobre perspectivas, posições e propostas de acordo à experiência transcorrida nos diversos institutos.

Depois desta reunião apresentamos a proposta de um Posicionamento Latino-americano a respeito do trabalho remoto na formação psicanalítica. Posição que, considerando as particularidades dos diversos institutos e o importante trabalho que foi levado a cabo no interior deles, propõe uma margem de autonomia para que as comissões de ensino possam estabelecer critérios para cada eixo do tripé, de acordo com as necessidades e particularidades do seu instituto.

Contexto internacional

As mudanças no marco da transmissão da psicanálise praticada por todos em períodos significativos, de um a três anos da pandemia, permitiram uma avaliação crítica, matizada em discussões orais e escritas a partir de estudos clínicos, sobre uma maior elasticidade de transmissão e da prática da psicanálise sob determinadas condições e segundo os casos particulares de que se tratar.

Se a IPA, por intermédio das recomendações do seu TF2, está disposta a integrar esta elasticidade nas formas de praticar e transmitir a psicanálise, esperamos que os termos desta sejam deixados à *autonomia de cada instituto*, que, segundo o seu critério, equilibrando o rigor científico com as diversas necessidades (geográficas, políticas etc.), possa definir seus próprios parâmetros sobre seus regulamentos de formação.

Como antecedente lembramos que na IPA, além das opções de três modelos de formação psicanalítica (Eitingon, Francês e Uruguaio) há:

1. Variações nas normas dos quatro eixos de transmissão da psicanálise (períodos de análise, sua superposição com relatórios clínicos etc.).
2. A entrada da IPA no Leste Europeu, na China e nos países da América Latina com o ILAP aconteceu sem imposição prévia

dos modelos mencionados anteriormente, mas sim com ajuda de meios remotos e combinados.

3. A IPA integrou grupos inteiros cuja formação teve lugar fora dela a critério da sua comissão ING e que atualmente tem como objetivo um grupo da Alemanha e outro de Israel.

Estes três dados históricos não fazem mais que reforçar as possibilidades de abertura a uma autonomia de prática e transmissão que achamos conveniente para a psicanálise na América Latina.

Trabalho na América Latina

Estamos atentos aos Comunicados da IPA e estudado cuidadosamente o relatório da Task Force *Remote Analysis in Training e* esperamos com muito interesse o relatório da sua segunda gestão como *Task Force Psychoanálysis on Contemporary Times* (TF2).

Lemos também atentamente os documentos enviados pelo Comitê de Educação da IPA (PEC) após o DOT´s Meeting que aconteceu durante do Congresso da IPA, em Cartagena (2023).

Em geral, podemos dizer que estamos em sintonia com este trabalho, mas nos parece importante ressaltar a relevância que tem também o trabalho que está sendo feito na América Latina no que diz respeito à transmissão da psicanálise, e a necessidade de que este seja levado em conta no marco das discussões na IPA com relação a um tema que nos concerne a todos.

- Congresso Didático (2020) *Cartografias na Transmissão da Psicanálise: Fronteiras e Horizontes*
- Ciclo de Sete Mesas de diálogo 4x4 (2021) entre diretores de institutos e analistas em formação.
- XXI Encontro de Institutos (2021) *Transmissão e Formação psicanalítica em movimento: Perspectivas Latino-americanas.*
- I Reunião de Diretores de Institutos (2022).

- Congresso Didático (2022) *Travessias na formação psicanalítica: Perspectivas Latino-americanas.*
- Debate Aberto, *E agora o quê?(2023).*
- *II Reunião de Diretores de Institutos (2023).*

Convir com o modo de continuar, implica considerar também o valor do trabalho levado a cabo nos nossos institutos e também o trabalhado entre eles, isto é, o trabalho que realizado na América Latina.

Posicionamento Latino-americano

Trabalho remoto na formação psicanalítica

A proposta de um Posicionamento Latino-americano em relação ao trabalho remoto na formação psicanalítica, que contribua com o trabalho que vem sendo realizado pela IPA, deriva das diversas perspectivas de analistas e analistas em formação das sociedades latino-americanas afiliadas à IPA e à Fepal. Perspectivas que fazem parte da complexidade e da riqueza da nossa região e que deram lugar a pensar, discutir e propor algumas sugestões que consideramos importantes adicionar ao diálogo encaminhado às decisões em relação aos lineamentos sobre o trabalho remoto na formação psicanalítica.

Subscrevemos o trabalho remoto na formação psicanalítica no contexto das mudanças epocais e a necessidade de inclusão nas regiões onde não existe formação psicanalítica. O sustento de todas as reflexões e as considerações a respeito tem eixos clínicos (metapsicológicos e técnicos) e o eixo de política institucional.

Dos diálogos interinstitucionais, que como comissão levamos a cabo desde 2020, ficou palpável que na nossa região existem diferenças e contrastes entre institutos, o que torna difícil uma padronização de lineamentos sem que isto seja em detrimento da singularidade que implica a consideração de aspectos socioculturais, geográficos, econômicos, históricos e políticos que constatamos não ficam à margem da transmissão da psicanálise.

A partir disso, é que o Posicionamento Latino-americano propõe uma margem de autonomia para que se possa confiar a cada instituto o discernimento sobre o modo em que o trabalho remoto possa fazer parte de cada um dos eixos do tripé da formação, estabelecendo os acordos considerados necessários dentro de cada sociedade.

Ficou totalmente palpável o interesse, cuidado e compromisso dos diretores dos Institutos da América Latina, comissões de ensino, diretorias e analistas a quem se confia a responsabilidade da função didática, e manter as melhores condições para a transmissão da psicanálise, mesmo em situações inéditas.

É a partir disto, e considerando o importante trabalho que se leva a cabo internamente nos nossos institutos, – e também entre eles –, que nos pareceu importante coconstruir uma Posição Latino-americana que dê lugar às diferenças dos nossos diferentes contextos societários.

Autonomia dos institutos

A autonomia dos institutos implícita na proposta que estamos apresentando é em relação aos lineamentos sobre o trabalho remoto na formação psicanalítica.

Trata-se de uma autonomia que sustenta o entrecruzamento de vínculos societários dentro da própria região e com outras regiões da IPA. Fazer parte da IPA, fazer parte da Fepal e fazer parte da sociedade de pertencimento, articulam-se uma identidade institucional na quais as diferenças complexificam a unidade e, de fato, podem enriquecê-la.

Esperamos que esta proposta possa ser articulada com as recomendações que serão feitas pela Task Force (TF1 e TF2) a partir do intenso trabalho que foi levado a cabo durante 4 anos. É de grande relevância a margem de autonomia dos institutos na possibilidade de que em cada um deles se possam tomar estas recomendações, integrando também o que surgiu do trabalho realizado dentro dos institutos ao longo deste tempo nos quais, no interior de cada um, foi possível manter adequadamente a formação psicanalítica sem diretrizes uniformes.

Na América Latina temos algumas das sociedades mais numerosas do mundo e outras que estão entre as menores. Existem cidades nas que se encontram várias sociedades psicanalíticas e outras nas que, na falta de institutos, trocar de cidade ou viajar era a única possibilidade de se analisar ou se formar. Dá-se o caso de algumas sociedades endogâmicas, com os riscos que isso implica e outras que mantém um maior intercâmbio com colegas de outras sociedades que colaboram em algum ou nos três eixos do tripé.

É certo que em todas elas, o excepcional trabalho remoto no tripé da formação passou a ser habitual nestes últimos três anos. E após as dificuldades iniciais, e inclusive resistências, em 2022 a enquete realizada pela Coordenação Científica da Fepal demonstrou que 75,3% das 450 pessoas que participaram, (analistas e analistas em formação) indicaram que depois da experiência transcorrida desejariam poder manter a possibilidade do formato híbrido na sua prática clínica.

Epílogo

Destacamos a relevância dos relatórios que apresentamos nos sucessivos Conselhos de Presidentes da Fepal, como uma forma de mantê-los informados sobre todas as nossas atividades e projetos.

Ressaltamos também a riqueza das reuniões e do diálogo com a Diretiva da Fepal e com os representantes latino-americanos do Board. Além disso, a importância dos relatórios e comunicados que enviamos ao Comitê de Educação da IPA, agradecendo também o diálogo e trabalho colaborativo com seus membros latino-americanos em diversos momentos de nossa gestão. Sabemos da importância histórica de posicionar as contribuições, autores e experiências que tanto agregam a psicanálise aos colegas de nossa região. Esperamos que cada vez mais sejam incluídos na bibliografia dos seminários. Nossa intenção, desde o início, foi contribuir com o movimento psicanalítico e sua transmissão, buscando democraticamente consensuar acordos, e também colocando para trabalhar os desacordos, e aproximar isso ao diálogo e debate intercontinental.

A transmissão alude à passagem das gerações, e foi de grande importância somar as vozes de analistas em formação da América

Latina no que diz respeito ao seu próprio processo formativo. Os analistas em formação estiveram presentes em quase todas as atividades que organizamos. Em muitas, foram coparticipantes, o que implicou um importante movimento institucional. Durante o processo de edição deste livro, organizamos um encontro com a OCAL, intitulado "A formação psicanalítica na América Latina". Isso possibilitou um frutífero intercâmbio de ideias, partindo de um panorama amplo sobre quem são os analistas em formação na América Latina hoje em dia, seus questionamentos e inquietações. Tivemos também o conversatório "Diversidade e Formação: Experiências de Inclusão na Transmissão Psicanalítica". Por meio desse diálogo, procuramos fomentar uma reflexão profunda sobre como as nossas instituições podem contribuir para a equidade e uma prática psicanalítica mais inclusiva e comprometida com a justiça social, considerando também os efeitos da escuta na clínica psicanalítica.

Da mesma forma, preparamos o Congresso Didático no marco do congresso da Fepal, o primeiro presencial desde 2018, com a expectativa de continuar aprofundando essas encruzilhadas em prol de uma psicanálise mais inclusiva e uma transmissão psicanalítica adequada aos novos desafios da época.

Referências

Alegría, C. (1941). *El mundo es ancho y ajeno*. Ercilla Editorial.

Andrade, O. (1928). *Manifiesto antropófago*. Revista de antropofagia. Año 1, No. 1.

Carlino, R. (2010). *Psicoanálisis a distancia*. Ed Lumen.

Freud S. (1887-1904/2006). Manuscrit. G In *Lettres à Wilhelm Fliess*. PUF.

Freud, S. (1891/1983). *Contribution à la conception es aphasies*. PUF.

Freud, S. (1895/1995b). *Projeto de uma psicologia*. (O.F. Gabbi Jr., trad.). Imago.

Freud, S. (1919 [1918]). Nuevos caminos de la terapia psicoanalítica. En *Obras completas* (Vol. 17, pp. 151-163). Amorrortu Editores.

Giovanneti, M. F. (2005). La hospitalidad hoy, en la clínica psicoanalítica. *Revista Uruguaya de Psicoanálisis*, n.100.

Graeber D.; Wengrow, D. (2018). *The Dawn of everything. A new history of humanity*. Penguin books.

Green, A. (2000). Le cadre Psychanalytique : son interiorization chez l´analyst et son application dans la pratique. In *L´avenir d´une désillusion Green & Kernberg* (ed.), pp.11-46. PUF.

Lauriña, C. (2022). *La supervisión psicoanalítica y los principios de su poder*. Letra Viva.

Safouan, M., Julien P., Hoffman C. (1997). *Malestar en el psicoanálisis. El tercero en la institución y el control de análisis*. Nueva Visión.

Szpilka J. (2002). *Sobre los cambios en APA en 1974*. 60 años de psicoanálisis en Argentina. Pasado-Presente-Futuro. Ed. Lumen.

Tomasi di Lampedusa, G. (1958). *El gatopardo*. Anagrama Editorial.

Zuleta, E. (2005). *Sobre la lectura (1982), en Elogio de la dificultad*. Hombre Nuevo Editores (No-vena edición).

Sobre os autores

Ana María Chabalgoity
Psicanalista em funções docentes na Asociación Psicoanalítica del Uruguay (APU). Membro da Associação Psicanalítica Internacional (IPA) e da Associação Psicanalítica da América Latina (Fepal). Ex-diretor do Instituto Psicanalítico da APU (2020-2022). Ex-coordenador do Senado Analista do Instituto APU (2016-2018). Membro da Comissão de Ensino do Instituto de Psicanálise da APU, como representante da Comissão de Admissão do Instituto (2014-2016). Prêmio Hayman, por trabalhos publicados sobre crianças e adultos traumatizados pelo Holocausto; Congresso Internacional de Psicanálise, IPA, Chicago, 2009. Membro e ex-coordenador APU para o Grupo Coordenador do Grupo de Trabalho sobre a Especificidade do Tratamento Psicanalítico em Atualidades. Membro do Comitê WP da Fepal (2017-2018 e 2019-2020). Membro do Comitê de Treinamento e Capacitação da Fepal (2022-2024). Publicou artigos em revistas nacionais e estrangeiras, orientou e ministrou cursos e conferências no âmbito do IPA, Fepal, congressos nacionais e estrangeiros, além de propor atividades como professora e supervisora do Comitê Profissional da Fepal.

Cecilia Lauriña (org.)
Membro titular com funçao docente da Associação Psicanalítica Argentina (APA; 2007). Professora de seminários e supervisora didática do Instituto de Psicanálise "Ángel Garma" da APA. Prêmio Celes Cárcamo, trabalho para membro titular: Do capricho materno à lei que permite o desejo (2007). Coordenadora

da Subcomissão e Seminário Curricular Psicanalistas do Território. Secretária Científica da APA. Membro da Comissão de Treinamento e Transmissão da Fepal. Membro do grupo de Psicanalistas da Comunidade Fepal. Ex-coordenadora da Subcomissão de Supervisões Didáticas e Ateneus Clínicos do Instituto de Psicanálise "Angel Garma" da APA.

Cecilia Teodora Rodríguez (org.)
Analista com função didática na Asociación Psicoanalítica de Guadalajara (APG). Professora e supervisora do Instituto APG. Coordenador da Comissão de Formação e Transmissão da Psicanálise, Fepal (2020-2024). Editora da Calibán, Revista Latino-Americana de Psicanálise (2017-2023). Membro da equipe editorial da Seção Vortex Calibán RLP até 2024. Membro da equipe da Comissão Científica da Fepal (2018-2020). Secretária suplente da Fepal (2014-2016). Segundo lugar no prêmio IPA On Training (2015).

Daniel Delouya
Psicanalista, membro efetivo com funções docentes da Sociedade Brasileira de São Paulo (SBPSP). Foi secretário científico, diretor científico e presidente da Federação Brasileira de Psicanálise (FEBRAPSI) e membro das comissões de Cultura e História da Associação Psicanalítica Internacional (IPA). Atualmente é coordenador suplente da Comissão de Formação e Transmissão da Psicanálise da Fepal e membro do Conselho da IPA para a América Latina. Publicou diversos artigos e capítulos de livros e é autor de seis livros sobre psicanálise, sendo o último publicado pela editora Blucher: *Análise, teimosia de sintomas e migração* (2021).

Gabriel Rivera Constanzo
Psicólogo e psicanalista em formação pelo Instituto de Psicanálise da Associação Psicanalítica Chilena (APCh). Foi secretário científico da Organização de Analistas em Treinamento da América Latina (OCAL), durante o período 2020-2022 e vice-presidente da mesma organização no período 2022-2024. É membro convidado da Comissão de Formação e Transmissão da Psicanálise da Fepal.

GRÁFICA PAYM
Tel. [11] 4392-3344
paym@graficapaym.com.br